essentials

essentials liefern aktuelles Wissen in konzentrierter Form. Die Essenz dessen, worauf es als „State-of-the-Art" in der gegenwärtigen Fachdiskussion oder in der Praxis ankommt. *essentials* informieren schnell, unkompliziert und verständlich

- als Einführung in ein aktuelles Thema aus Ihrem Fachgebiet
- als Einstieg in ein für Sie noch unbekanntes Themenfeld
- als Einblick, um zum Thema mitreden zu können

Die Bücher in elektronischer und gedruckter Form bringen das Expertenwissen von Springer-Fachautoren kompakt zur Darstellung. Sie sind besonders für die Nutzung als eBook auf Tablet-PCs, eBook-Readern und Smartphones geeignet. *essentials:* Wissensbausteine aus den Wirtschafts, Sozial- und Geisteswissenschaften, aus Technik und Naturwissenschaften sowie aus Medizin, Psychologie und Gesundheitsberufen. Von renommierten Autoren aller Springer-Verlagsmarken.

Weitere Bände in der Reihe http://www.springer.com/series/13088

Armin Pfahl-Traughber

Die AfD und der Rechtsextremismus

Eine Analyse aus politikwissenschaftlicher Perspektive

Armin Pfahl-Traughber
Hochschule des Bundes
für öffentliche Verwaltung
Brühl, Deutschland

ISSN 2197-6708 ISSN 2197-6716 (electronic)
essentials
ISBN 978-3-658-25179-6 ISBN 978-3-658-25180-2 (eBook)
https://doi.org/10.1007/978-3-658-25180-2

Die Deutsche Nationalbibliothek verzeichnet diese Publikation in der Deutschen Nationalbibliografie; detaillierte bibliografische Daten sind im Internet über http://dnb.d-nb.de abrufbar.

Springer VS

Springer VS ist ein Imprint der eingetragenen Gesellschaft Springer Fachmedien Wiesbaden GmbH und ist ein Teil von Springer Nature
Die Anschrift der Gesellschaft ist: Abraham-Lincoln-Str. 46, 65189 Wiesbaden, Germany

Was Sie in diesem *essential* finden können

- eine Analyse zu der Frage, ob die AfD mittlerweile eine rechtsextremistische Partei ist,
- eine Kommentierung von Aussagen hoher Funktionsträger im rechtsextremistischen Sinne,
- eine Erörterung des Kontextes zum neueren und traditionellen Rechtsextremismus,
- eine Einschätzung der AfD hinsichtlich der Extremismusfrage und des Intensitätsgrades.

Inhaltsverzeichnis

1 Einleitung

Wenn Mitglieder der „Alternative für Deutschland" (AfD) mit Angehörigen rechtsextremistischer Organisationen kooperieren, ist dies immer wieder Gegenstand von kritischen Medienberichten über die Partei. Hierbei wird zumindest indirekt nahegelegt, dass es um verschiedene politische Bereiche geht, welche sich in bestimmten Kontexten berühren oder überschneiden. Die Frage, ob die AfD nicht selbst eine rechtsextremistische Partei ist, stellt man dabei kaum. Auch die kritische Literatur vermeidet derartige Zuordnungen. Da ist mitunter von einer „völkischen" Ausrichtung die Rede, womit eigentlich die Orientierung am Rassismus gemeint sein müsste. Doch als Bezeichnung nutzen diese Publikationen meist nur „rechtspopulistisch" als Kategorie, um die AfD als politischen Akteur im Gesamtrahmen des Parteienspektrums einzuordnen (vgl. z. B. Häusler 2018). Damit wird zwar eine allgemeine Einordnung als „rechts" vorgenommen und der genutzte Politikstil als „populistisch" bezeichnet. Es erfolgt aber keine demokratietheoretisch orientierte Zuordnung.

Um eine solche soll es in diesem essential gehen, das die Frage „Ist die AfD eine extremistische Partei?" beantworten will. Die politische Bedeutung dieser Problemstellung bedarf keiner ausführlichen Begründung. Es genügt darauf hinzuweisen, dass die AfD die aktuell drittstärkste Partei im Bundestag ist, sie Fraktionen in allen Landtagen hat und laut Umfragen in Ostdeutschland mitunter ein Viertel der Wählerstimmen verbuchen könnte. Dass es sich bei der AfD um eine „rechte" Kraft handelt, sehen deren Funktionäre und Mitglieder ebenso. Doch handelt es sich um eine mehr rechtsdemokratische oder um eine mehr rechtsextremistische Partei bzw. in welche Richtung zwischen diesen beiden Polen bewegt sich die Partei? Um eine Bestimmung dieses Ortes soll es fortan gehen. Dabei wird eine demokratietheoretische Blickrichtung eingenommen, womit sich ein normativer Ausgangspunkt zugunsten bestimmter Prinzipien verbindet. Sie können sowohl mit einer „rechten" politischen Auffassung bejaht wie verneint werden.

A. Pfahl-Traughber, *Die AfD und der Rechtsextremismus*, essentials,
https://doi.org/10.1007/978-3-658-25180-2_1

Um die Fragestellung zu erörtern, wird wie folgt vorgegangen: Zunächst bedarf es Ausführungen zu Basisinformationen, Definitionen und Untersuchungskriterien. Dabei geht es um die Entstehung und Entwicklung der Partei, aber auch um die Definition von Rechtsextremismus zur späteren Verortung. Dem folgen Belege für extremistische Positionen zu unterschiedlichen Themenfeldern. Hierzu gehören etwa die Aberkennung von Individualrechten und die Bekundung von rassistischen Positionen, aber auch die Forderung nach einem Systemwechsel oder die Relativierung des Nationalsozialismus. Danach werden Kontexte zum neueren und traditionellen Rechtsextremismus veranschaulicht. Hierbei stehen die Einstellung zu Identitären und Neuer Rechter ebenso wie zu NPD und Neonazi-Szene im Zentrum. Und schließlich erfolgt eine Einschätzung der Partei aus extremismustheoretischer Sicht. Hier geht es um ein Abwägen der Argumente für und gegen eine Einschätzung als rechtsextremistische Partei im bilanzierenden Sinne.

2 Basisinformationen, Definitionen und Untersuchungskriterien

2.1 Definition von Rechtsextremismus als Untersuchungskriterium

Eine Definition von Rechtsextremismus ist gerade bei der Erörterung von „Grauzonen“-Fällen von besonderer Relevanz, kursieren dazu doch unterschiedliche Auffassungen und Begriffsbestimmungen, Fehlschlüsse und Unterstellungen. Hier wird von folgender politikwissenschaftlichen Grundauffassung ausgegangen: „Extremismus“ ist allgemein eine Sammelbezeichnung für alle politischen Auffassungen und Handlungen, die sich gegen die Grundlagen moderner Demokratie und offener Gesellschaften wenden: Dazu gehören die Abwahlmöglichkeit, die Gewaltenverteilung, das Individualitätsprinzip, die Menschenrechte, der Pluralismus, die Rechtsstaatlichkeit und die Volkssouveränität. „Rechtsextremismus“ steht in diesem Kontext für eine bestimmte Erscheinungsform, die von der Überbewertung ethnischer Zugehörigkeit und der Ideologie der Ungleichwertigkeit geprägt ist. Als weitere Grundprinzipien kommen der politische Autoritarismus und das identitäre Gesellschaftsbild hinzu, welche dabei inhaltlich in einer „rechten“ Form artikuliert werden.[1]

Gerade für die Erörterung der Fragestellung bedarf es aber einiger Klarstellungen, um den angedeuteten Fehldeutungen und Missverständnissen zu begegnen. Es geht nicht um eine Abweichung von einer „politischen Mitte“, was im Rahmen eines Pluralismus völlig legitim wäre. Es geht darum, dass die erwähnten Grundprinzipien einer modernen Demokratie und offenen Gesellschaft negiert werden. Dies würde

[1]Der Autor hat die folgenden Deutungen ausführlicher an unterschiedlichen Orten veröffentlicht, vgl. demnächst aktuell bilanzierend Pfahl-Traughber 2019 i. E., Kap. 2 und 3.

A. Pfahl-Traughber, *Die AfD und der Rechtsextremismus*, essentials,
https://doi.org/10.1007/978-3-658-25180-2_2

auch eine „rechtsdemokratische" von einer „rechtsextremistischen" Position unterscheiden. Dass sich in einer gefestigten Demokratie jede „rechte" Partei öffentlich eher im erstgenannten Sinne gibt, versteht sich aus strategischen wie taktischen Gründen von selbst. Auch die eindeutig rechtsextremistische NPD bezeichnet sich selbst als „National*demokratische* Partei Deutschlands". Insofern dürfen einschlägige Bekenntnisse nicht ungeprüft übernommen werden. Darüber hinaus gibt es auch andere Demokratieverständnisse wie „Führerdemokratie" oder „Volksdemokratie", die nicht mit dem oben definierten modernen Demokratieverständnis konform gehen.

Auch muss darauf hingewiesen werden, dass bereits die Negierung von deren Werteprinzipien entsprechende Zuordnungen erlaubt. „Rechtsextremismus" beginnt nicht erst bei der direkten Systemverneinung. Schon das Absprechen von Grundrechten für Individuen oder die Relativierung der totalitären NS-Diktatur laufen auf eine solche politische Positionierung hinaus. Und schließlich sei noch auf ein weiteres verbreitetes Missverständnis zum Thema aufmerksam gemacht: Auch eine gewaltlose und legalistische Ausrichtung einer politischen Bestrebung steht nicht notwendigerweise für eine demokratische Orientierung, halten sich doch die meisten Extremisten formal an Recht und Gesetz und warten eher auf einen günstigen politischen Moment zu einer gewalttätigen Umorientierung. Und dann gilt noch, dass der Nationalsozialismus nur eine Ideologiefamilie des Rechtsextremismus ist. Auch unter Berufung auf den Deutschnationalismus oder die Konservative Revolution können die Grundlagen moderner Demokratie und offener Gesellschaft abgelehnt werden.

2.2 Entstehung und Entwicklung der Partei

Die AfD wurde 2013 gegründet.[2] Diesem Akt gingen diverse Entwicklungen voraus. Dazu gehörten insbesondere die Aktivitäten des Ökonomieprofessors Bernd Lucke, der mit einigen Kollegen die von der Bundesregierung mitgetragene

---

[2]Eine politikwissenschaftliche Darstellung zur Geschichte der Partei liegt noch nicht vor. Die anschließenden Ausführungen folgen den Medienberichten über die Zeit. Die bisherige Literatur zum Thema ist mal mehr journalistisch, mal mehr polemisch, mal mehr wissenschaftlich, vgl. als Beispiele dazu: Amann 2017; Bender 2017; Butterwegge et al. 2018; Dietl 2017; Friedrich 2015; Häusler 2016; Häusler und Roeser 2015; Kemper 2013; Werner 2015; Wildt 2017. Einige der genannten Bücher nehmen eine monokausale und stereotype Deutung vor, wobei der AfD-Aufstieg auf die Interessen bestimmter Kapitalfraktionen zurückgeführt wird. Beachtenswert ist, dass in kaum einer der genannten Darstellungen die demokratietheoretische Einschätzung der Partei näher thematisiert wird.

EU-Finanz- und Rettungspolitik gegenüber Griechenland vehement kritisiert hatte. Für diesen Kreis brachten frühere Wahlkandidaturen und Vereinsgründungen indessen keine Veränderungen. Daher schlossen sich die Gemeinten mit anderen Personen, die ganz allgemein einer liberal- und nationalkonservativen Richtung zugerechnet werden können, zu einem neuen politischen Projekt zusammen. Man verstand sich als Sammelbewegung für das gemeinte Spektrum. Der Name der Partei spielte dabei auf die angebliche „Alternativlosigkeit" der kritisierten EU-Politik an, sollte dazu doch die andere Perspektive aufgezeigt werden. Auf dem Gründungsparteitag wurden neben Lucke der bekannte Journalist Konrad Adam und die frühere Unternehmerin Frauke Petry zu gleichberechtigten Parteisprechern gewählt.

Fortan strömten der gerade gegründeten AfD viele neue Mitglieder zu. Nach eigenen Angaben waren es kurz nach der Entstehung bereits 10.000 und am Ende des Gründungsjahres 17.000. 2015 sollen es 22.000 und 2017 29.000 gewesen sein. Diese Entwicklung wurde mit dadurch gefördert, dass Lucke häufig Gast in Fernseh-Talkshows war und dadurch seine Partei und seine Positionen öffentlich breiter bekannt machen konnte. Die neuen Anhänger der AfD kamen zwar aus dem erwähnten politischen Spektrum, gleichwohl bildeten sie keine politische Einheit. Außerdem zog die aufstrebende Entwicklung der Partei auch Personen mit persönlichen und politischen Spezifika an, was immer wieder zu erheblichen Konflikten führte und mitunter die organisatorische Entwicklung behinderte. Dadurch kam es immer wieder zu internen Auseinandersetzungen, gehörten hierzu doch ebenso einzelne Personen mit traditionellen rechtsextremistischen Wertvorstellungen. Gleichwohl gelang es relativ schnell, arbeitsfähige Strukturen zu schaffen.

Sie bildeten die Basis für die folgenden Wahlkandidaturen, die nach einer anfänglichen Flaute zu kontinuierlichen Erfolgen führten. Während die AfD 2013 mit 4,7 % bei den Bundestagswahlen und mit 4,1 % bei den hessischen Landtagswahlen noch knapp an der Fünf Prozent-Hürde scheiterte, konnte sie danach bei allen Kandidaturen in die Parlamente einziehen: 2014 in Brandenburg mit 12,2 %, in Sachsen mit 9,7 %, in Thüringen mit 10,6 % und ins Europa-Parlament mit 7,1 %, 2015 mit 5,5 % in Bremen und 6,1 % in Hamburg, 2016 mit 15,1 % in Baden-Württemberg, 14,2 % in Berlin, 20,8 % in Mecklenburg-Vorpommern, 12,6 % in Rheinland-Pfalz und 24,3 % in Sachsen-Anhalt, 2017 mit 6,2 % in Niedersachsen, 7,4 % in Nordrhein-Westfalen, 6,2 % im Saarland, 5,9 % in Schleswig-Holstein und mit 12,6 % der Stimmen in den Bundestag und 2018 mit 10,2 % in Bayern und mit 13,1 % der Stimmen in Hessen. Damit ist man nach fünfjähriger Existenz in allen Landtagen vertreten.

2.3 Flügel, Führungsstreit und „Rechtsruck" in der Partei

Bei der AfD handelt es sich nicht um eine ideologisch homogene Partei, lassen sich doch idealtypisch drei Flügel unterscheiden: Dazu gehört der liberalkonservative Flügel, der politisch als gemäßigter gilt und eine wirtschaftsliberale Grundposition vertritt. Ihm lässt sich der Bundessprecher Jörg Meuthen zurechnen. Ein nationalkonservativer Flügel stellt demgegenüber stärker auf die nationale Identität ab, wobei mehr sozialstaatliche Positionen formuliert werden. Ihm gehört der Bundessprecher Alexander Gauland an. Und schließlich wäre noch der deutschnationale Flügel zu nennen, der eine deutlichere nationalistische Grundauffassung vertritt, aber auch sozialstaatliche Positionen aufweist. Björn Höcke, der Landesvorsitzende von Thüringen, ist hier der bekannteste Repräsentant. Mit den sozialstaatlichen Auffassungen einhergehende Bekundungen müssen nicht der tatsächlichen Programmatik entsprechen. Denn es geht dabei hauptsächlich um die politische Ansprache der „kleinen Leute", welche der Partei als wichtiges Wählerklientel gelten.

Diese ideologisch bedingten Flügelbildungen erklären nicht allein, aber mit die beiden herausragenden Führungskonflikte in der Partei: Bei dem Parteitag 2015 kam es zu einer Kampfabstimmung zwischen Lucke und Petry, die der damals als „Gesicht der Partei" geltende Lucke verlor. Er trat danach zusammen mit knapp 20 % der Mitglieder aus der Partei aus. Als Grund gab Lucke an, dass sich die AfD immer weiter nach rechts bewegen würde. Zusammen mit dem Ökonomieprofessor Jörg Meuthen stellte Petry fortan eine Doppelspitze. Auch sie galt fortan als „Gesicht der Partei" und wurde durch regelmäßige Talkshow-Auftritte einem breiteren Publikum bekannt. Ähnlich wie Lucke zuvor machte sie sich in der Parteiführung aber durch Alleingänge unbeliebt. In der Folge schlossen sich ihre Gegner um den früheren CDU-Politiker und Journalisten Alexander Gauland informell zusammen. Petry bewarb sich auch nicht um die Spitzenkandidatur bei der Bundestagswahl 2017 und trat am Tag danach von all ihren Ämtern zurück sowie aus der Partei aus.

Dieser letztgenannte Konflikt macht deutlich, dass es bei dieser Führungskrise nicht nur um ideologische Gründe, sondern ebenso um persönliche Ressentiments und strategische Unterschiede ging. Denn Angehörige aller drei Flügel, hier Gauland, Höcke und Meuthen, kooperierten eng gegen Petry. Sie meinte außerdem, man müsse sich um einer möglichen Koalitionsbeteiligung willen mehr mäßigen. Dagegen vertraten ihre parteiinternen Gegner die Meinung, die AfD müsse als „Protestpartei" wahrgenommen werden. Beide Führungskonflikte stehen in der

Gesamtschau auch für einen politischen „Rechtsruck". Denn die als gemäßigter geltenden Funktionäre verließen jeweils die Partei, womit deren rechter Flügel einen höheren Stellenwert erhielt. Diese Beobachtung spricht indessen zunächst noch nicht zwingend für eine Hinwendung zum Rechtsextremismus. Es kann nur konstatiert werden, dass die AfD als zwischen NPD und den Unionsparteien positioniert sich durch die erwähnte Entwicklung immer mehr in die erstgenannte Richtung hin bewegt hat.

2.4 Problematik von Verallgemeinerbarkeit und Zuordbarkeit

Wie die bisherigen Ausführungen zur Entwicklung der Partei verdeutlicht haben, gab und gibt es in der AfD erhebliche Differenzen, Konflikte und Umbrüche. Dies muss auch bei der Erörterung der zu behandelten Problemstellung berücksichtigt werden, stellt sich doch bei bekundeten Auffassungen immer die Frage nach der Verallgemeinerbarkeit und Zuordbarkeit. Anders formuliert: Woraus ergibt sich, was die AfD eigentlich will? Der Blick ins Parteiprogramm ist hier interessant, wurde dies doch als Grundlage für das Selbstverständnis verabschiedet. Es gilt aber auch hier angesichts der erwähnten Problemstellung folgendes zu berücksichtigen: Angesichts einer allgemeinen gesellschaftlichen Akzeptanz von moderner Demokratie und offener Gesellschaft vermeiden es extremistische Parteien allgemein, sich in derartigen Grundlagentexten offen zu einer Frontstellung zu den gemeinten Normen und Regeln zu bekennen. Gleichwohl lohnt die Aufmerksamkeit für das Programm, sie darf aber die Gesamtschau auf die Meinungsäußerungen aus der Partei nicht ersetzen.

Dort findet man meist auch formale Bekenntnisse zur Demokratie oder zum Grundgesetz, wobei sich aber immer die Frage stellt, inwieweit der damit gemeinte politische Geist auch die politischen Grundeinstellungen der untersuchten Protagonisten prägt. Insofern soll fortan mehr den Aussagen führender AfD-Politiker besonderes Interesse gewidmet werden. Gerade wenn es dabei um Interviewaussagen geht, lassen sich die eigentlichen Einstellungen hinter Statements deutlicher wahrnehmen. Gleiches gilt in noch weit höherem Maße für öffentliche Redebeiträge. Während bei Interviewaussagen noch ein nachträgliches Redigieren möglich ist, wird in Reden eine ungefilterte Position deutlich. Derartige eindeutige Bekundungen erlauben es dann, eher ambivalent deutbare Erklärungen zu bestimmten Fragen inhaltlich klarer zuzuordnen. Und dann muss noch darauf hingewiesen werden, dass den Aussagen von Führungspersonen und Mandatsträgern der Partei ein größerer Stellenwert zukommt als einfachen Mitgliedern oder kommunalen Repräsentanten.

Ein besonderes Problem hinsichtlich der Verallgemeinerbarkeit und Zuordnung ergibt sich bei der AfD noch aus den erwähnten Flügelbildungen. Immer wieder haben sich bestimmte Landesvorsitzende von den Erklärungen anderer Landesvorsitzender formal distanziert. Dabei wurde manchmal nur eine formale Abgrenzung, manchmal aber ebenso eine inhaltliche Abgrenzung vorgenommen. Im erstgenannten Fall bedauerte man nur die besondere Schärfe der Wortwahl, im letztgenannten Fall erfolgte auch eine Negierung der Positionen. Mitunter warfen Führungspersonen sogar anderen Führungspersonen eine ideologische Nähe zum historischen Nationalsozialismus vor. Meist wird aber nur von inhaltlichen Missverständnissen durch eine unpassende Wortwahl gesprochen. Dann kommt es zu einer angedeuteten Distanzierung, woraus sich aber keine politischen Folgen ergeben. Und schließlich sei hier noch auf ein anderes Problem verwiesen: Nach Aussteigerberichten wird in der AfD intern viel deutlicher als öffentlich gesprochen (vgl. z. B. Schneider 2018).[3]

[3]Ähnliche Berichte liegen von anderen ehemaligen Parteimitgliedern vor, wobei es sich aber nicht um Bücher, sondern meist nur um Interviewaussagen handelt.

3 Aussagen von hohen Funktionsträgern im rechtsextremistischen Sinne

3.1 Aberkennung von Individualrechten

Ein bedeutsames Merkmal moderner Demokratie sind Individualrechte, also dem Einzelnen zustehende Grund- und/oder Menschenrechte. Sie erlauben es ihm, auch für Meinungen einzutreten, welche eine Mehrheit, eine Partei, eine Regierung oder der Staat nicht teilen. Einschränkungen kann es hier geben, wenn dabei andere Gruppen oder Personen herabgewürdigt oder Gewaltforderungen oder Hassbotschaften vorgetragen werden. Insofern steht die individuelle Meinungsfreiheit für ein bedeutsames Recht, das auch die Freiheit zu Übertreibungen oder Unsinn gestattet. Wenn demnach Äußerungen von Individuen unter Strafe gestellt oder mit einer Vertreibung verbunden werden sollen, dann handelt es sich demnach um einen erheblichen Eingriff in die Grund- und Menschenrechte. Dafür müsste es schon einer besonderen Begründung hinsichtlich der erwähnten Einschränkungen bedürfen, sollte damit kein inhaltliches Konfliktverhältnis zu den normativen Minimalbedingungen eines demokratischen Verfassungsstaates verbunden sein.

Ein Beispiel für eine solche Forderung stammt von Gauland: 2017 kommentierte er Auffassungen zur deutschen „Leitkultur" der damaligen Integrationsbeauftragten der Bundesregierung Aydan Özoguz mit den Worten: „Das sagt eine Deutsch-Türkin. Ladet sie mal in Eichsfeld ein und sagt ihr dann, was spezifisch deutsche Kultur ist. Danach kommt sie hier nie wieder her, und wir werden sie dann auch, Gott sei Dank, in Anatolien entsorgen können" (zit. n.: O. A. 2017a). Die mediale Empörung über dieses Statement bezog sich meist auf die Forderung nach einem „Entsorgen". Es geht bei der Äußerung aber auch um einen Eingriff in die Grundrechte einer Bundesbürgerin: Ihr sollte offenkundig das Recht auf Meinungsfreiheit abgesprochen und sie des Landes verwiesen werden. Dass Özoguz in der genannten Frage eine

A. Pfahl-Traughber, *Die AfD und der Rechtsextremismus,* essentials,
https://doi.org/10.1007/978-3-658-25180-2_3

andere Position als die AfD vertrat, reichte Gauland offenbar für diese Forderung aus. Er distanzierte sich nach kritischen Anfragen nur von der „Entsorgen"-Wortwahl. Die zweite Spitzenkandidatin im Wahlkampf Alice Weidel sah dies ebenso.

Als weiteres Beispiel sei darauf hingewiesen, wie ein AfD-Politiker in Ausübung des Richteramtes die Wissenschaftsfreiheit einschränken wollte: Die NPD klagte gegen den Politikwissenschaftler Steffen Kailitz, der ihr die Absicht einer millionenfachen Vertreibung von Menschen mit Migrationshintergrund vorgeworfen hatte. Für diese Einschätzung lassen sich einfach Belege benennen: Die NPD plädiert für ein rein ethnisches Staatsbürgerschaftsverständnis, welches das „Deutsch-sein" allen Bürgern mit Migrationshintergrund abspricht. Gleichzeitig plädiert die Partei für ein „Ausländerrückführungsgesetz", es würde letztendlich für all diese Menschen in einer Vertreibung münden. Der damalige Richter am Landgericht Dresden und heutige AfD-MdB Jens Maier hatte der NPD 2016 hier Recht gegeben. Später hob das Gericht dieses Urteil wieder auf (vgl. Brandau 2017). Maier handelte hier zwar nicht für die Partei, sondern als Richter. Gleichwohl negierte die Haltung des Mandatsträgers die Wissenschaftsfreiheit.

3.2 Bekundungen von rassistischen Positionen

Rassismus gilt als typisches Merkmal von Rechtsextremismus, wobei ein engeres und weiteres Verständnis unterschieden werden kann. Die erstgenannte Begriffsbestimmung orientiert sich an der biologistisch argumentierenden Konstruktion von „Rasse" und nimmt darauf bezogen eine abwertende Einteilung unterschiedlicher Menschengruppen vor. Demgegenüber sieht eine weiter gefasste Auffassung auch in kulturell argumentierenden Herabwürdigungen einen Rassismus, ist dann doch von „kulturellem" oder „Neo-Rassismus" die Rede. Hier wird erklärtermaßen von einem engeren Verständnis ausgegangen. Dabei geht es fortan aber nicht um die direkte Herabwürdigung aufgrund einer „Rasse"-Zugehörigkeit, sind damit einhergehende Auffassungen durch die Erinnerung an den Nationalsozialismus doch öffentlich weitgehend diskreditiert. Die Beispiele stehen mehr für Diskurse, die mit einer rassistischen Prägung im genannten Sinne verbunden sind. Dazu bedarf es dann genauer Aufmerksamkeit für die Hintergründe bestimmter Positionierungen.

Kurz vor Beginn der Fußball-Europameisterschaft 2016 äußerte sich Gauland gegenüber Redakteuren einer Zeitung wie folgt über den deutschen Nationalspieler Jerome Boateng: „Die Leute finden ihn als Fußballer gut, aber wollen einen Boateng nicht als Nachbarn haben" (zit. n. Wehner und Lohse 2015).

Nachdem diese Aussage öffentlich kritisiert worden war, erfolgten diverse Erklärungen, wonach diese Aussage so nie gefallen, der Name von der Redaktion ins Spiel gebracht und dann das Gesagte falsch verstanden worden sei. Beachtlich soll hier aber nicht das schrittweise Eingeständnis, sondern der Inhalt des Satzes sein. Es stellt sich die Frage, was Gauland mit Hinweis auf „die Leute" nicht gefiel? Boateng ist in Deutschland geboren und aufgewachsen, spricht die deutsche Sprache und geht einer geregelten Berufstätigkeit mit hohen Steuerzahlungen nach. Es gibt daher nur einen Grund, der für Gauland als störend empfunden werden könnte: Boateng hat eine schwarze Hautfarbe. Dies macht deutlich, dass es hier um eine rassistische Position geht.

Eine Argumentationsweise entsprechend des biologistischen Rassismus findet man auch bei Höcke, der bei einer Konferenz des „Instituts für Staatspolitik" 2015 einen Vortrag hielt. Dort äußerte er sich zu Bevölkerungspolitik und Reproduktionsstrategien wie folgt:

In Afrika herrscht nämlich die sogenannte R-Strategie vor, die auf eine möglichst hohe Wachstumsrate abzielt. Dort dominiert der sogenannte Ausbreitungstyp. Und in Europa verfolgt man überwiegend die K-Strategie, die die Kapazität des Lebensraums optimal ausnutzen möchte. Hier lebt der Platzhalter-Typ. Die Evolution hat Afrika und Europa vereinfacht gesagt zwei unterschiedliche Reproduktionsstrategien beschert … Im 21. Jahrhundert trifft der lebensbejahende afrikanische Ausbreitungstyp auf den selbstverneinenden europäischen Platzhalter-Typ (Höcke 2015).

Hier werden nicht nur spekulative Auffassungen auf die Menschen- aus der Tierwelt übertragen. Bedeutsam ist bei der zu erörternden Frage die sozialdarwinistische Prägung der vorgetragenen Positionen.

3.3 Delegitimierung der gewählten Regierung

Bei der Delegitimierung einer gewählten Regierung geht es nicht um eine scharfe Kritik an deren Entscheidungen oder Kompetenzen. Dies ist für sich allein ein Ausdruck von Meinungsfreiheit, die auch mit Fehldeutungen und Überspitzungen im Urteil einhergehen kann und erklärtermaßen nicht im Blickfeld der Erörterung und Urteilsfindung steht. Es geht vielmehr um folgendes: In einer Demokratie wird eine Regierung gewählt. Dadurch erhält sie eine Legitimation, was die Folge eines entsprechenden Verfahrens ist. Die Abwahl dieser Regierung kann später nach einer gewissen Zeit erfolgen. Anhand dieser Besonderheit lässt sich nicht nur, aber hauptsächlich eine Demokratie von einer Diktatur unterscheiden.

Wer aber die gewählte Bundesregierung mit einer diktatorischen Regierung gleichsetzt, der negiert eben diese formale Legitimation und damit den relevanten Wahlakt. Gleichzeitig erlaubt die Bezeichnung als Diktatur potenziell einen Gesetzesbruch, der dann auch eventuell Gewalttaten als Handlungen von „Widerstand" legitim erscheinen lässt.

Die Bundeskanzlerin bezeichnete Gauland bereits 2016 als „Kanzler-Diktatorin", die das „Volk völlig umkrempelt und viele Menschen uns aufpfropft" (zit. n. O.A. 2016). Derartige Aussagen wiederholte er fortan immer wieder. Besonders bekannt wurden seine Diktaturgleichsetzungen in der Parteitagsrede 2018. Die aktuelle politische Lage setzte er mit der Niedergangsphase der DDR-Diktatur gleich: „Ich fühle mich an die letzten Tage der DDR erinnert." Die „Rolle Honeckers" falle hier Merkel zu. Es genüge aber nicht nur die „Merkel muss weg"-Parole umzusetzen. „Doch hier muss ein ganzer Apparat, ein ganzes System, eine ganze Mentalität weg" (zit. n. Doerfler 2018). Wie genau eine solche Ablösung des „Systems" erfolgen solle, lies Gauland in dieser umjubelten Rede offen. Er machte aber in den Ausführungen deutlich, dass es ihm nicht nur um die „Kanzler-Diktatorin" gehe, sollte doch das ganze „System" weg. Da aber die Legitimation von Merkel auf diesem fußt, bedeutet dies in der Konsequenz die Negierung von dessen Regeln und Strukturen.

Die Anspielung auf die DDR-Diktatur diente auch Höcke dazu, eine Delegitimierung der gewählten Regierung in seinen politischen Vorträgen vorzunehmen. In der bekannten Dresdener Rede von 2017 heißt es: „Weder ihr erstarrter Habitus noch ihre floskelhafte Phraseologie unterscheidet Angela Merkel von Erich Honecker." Und nach einer durch „Merkel muss weg"-Rufe entstandenen kurzen Pause geht es dann weiter mit den Worten: „Diese Regierung ist keine Regierung mehr, diese Regierung ist zu einem Regime mutiert!" (Höcke 2017). Bereits bei der ersten Aussage wird deutlich, dass es Höcke nicht um eine Kritik an Merkel als Politikerin ging. Er setzte sie mit einem Diktator gleich und beschrieb sie als Feindbild. Dass dies nicht nur auf die Bundeskanzlerin gemünzt ist, zeigt dann der folgende Satz. Die Bezeichnung „Regime" wird hier im alltäglichen Sprachgebrauch und nicht im wissenschaftlichen Sinne genutzt. Demnach handele es sich um eine Art Diktatur, die durch Unvermögen und Versagen geprägt sei und überwunden gehöre.

3.4 Ethnisierung und Monopolisierung des Volksverständnisses

Besondere Bedeutung in einer Demokratie hat die Legitimation von Politik durch das Volk, wobei es in einer modernen Auffassung auch Grenzen für eine Mehrheit etwa durch die Menschenrechte gibt. Es bedarf bei der Berufung auf das Volk aber auch immer einer Klärung der Frage, welche Einzelnen aus welchen Gründen zum Volk gehören und inwieweit es auch um den Willen des realen Volkes geht. Die letztgenannte Anmerkung stellt darauf ab, dass eine politische Homogenität des Volkes in der sozialen Realität nicht existiert. Es bestehen unterschiedliche ethische, religiöse oder soziale Orientierungen. Dadurch bedingt ist die exklusive Berufung auf einen angeblich einheitlichen Willen des Volkes nicht belegbar, sie leugnet außerdem nicht nur den Pluralismus, sondern wendet sich erklärtermaßen gegen diese Vielfalt. Die Auffassung zur Frage, wer Bürger bzw. Deutscher sein kann, gibt darüber hinaus Auskunft über das damit einhergehende politische Selbstverständnis: Geht es bei den Gemeinten hauptsächlich um anerkannte Grundrechte oder ethnische Zugehörigkeiten?

Dazu bemerkte der heutige AfD-Bundestagsabgeordnete Mark Jongen 2016, damals war er stellvertretender Sprecher seiner Partei in Baden-Württemberg, in einem Interview: „Die Identität des Volkes ist eine Mischung aus Herkunft, aus Kultur und aus rechtlichen Rahmenbedingungen. Der Pass allein macht noch keinen Deutschen. Als AfD sind wir deshalb dafür, das sogenannte Abstammungsprinzip im Staatsbürgerrecht, das ja bis vor Kurzem noch gegolten hat, wieder einzuführen." Derartige Aussagen erinnern bis in die Formulierung hinein an die NPD-Position von den „Pass-Deutschen", die eben keine richtigen Deutschen seien.[1] Was dann aber mit den Bürgern mit nicht-deutscher ethnischer Herkunft hinsichtlich ihres Status geschehen sollte, blieb bei den Ausführungen von Jongen und den sonstigen der Partei bislang offen. Darüber hinaus hieß es: „Wir sind die ‚Lobby des Volkes', nicht einzelner Interessengruppen. Wir schauen auf das Gesamtwohl" (Jongen 2016), womit ein Monopolanspruch auf die Volksvertretung verbunden ist.

Die Auffassung von der Homogenität findet sich auch im Parteiprogramm von 2016, wo vom „Fortbestand der Nation als kulturelle Einheit" die Rede ist. Demnach gelte es „die deutsche kulturelle Identität als Leitkultur" zu verteidigen. Unklar blieb, was das besondere „deutsche" dabei außer der Sprache sein soll. Bei den genannten „drei Quellen", nämlich der „Überlieferung des Christentums", der „wissenschaftlich-humanistischen Tradition" und dem „römischen Recht" (AfD 2016, S. 47) handelt es sich nicht um deutsche, sondern um universelle Werte. Bezüglich der angedeuteten Konsequenzen eines monopolisierten

[1] Bei der NPD heißt es dazu: „Ein Afrikaner, Asiate oder Orientale wird nie Deutscher werden können, weil die Verleihung bedruckten Papiers (des BRD-Passes) ja nicht die biologischen Erbanlagen verändert, die für die Ausprägung körperlicher, geistiger und seelischer Merkmale von Einzelmenschen und Völkern verantwortlich sind" (NPD 2012, S. 19).

Volksverständnisses sei noch auf folgendes Zitat verwiesen. Markus Frohnmaier, heute AfD-Bundestagsabgeordneter, erklärte 2015 als damaliger Vorsitzender der „Jungen Alternative“: „Ich sage diesen linken Gesinnungsterroristen, diesem Parteifilz ganz klar: Wenn wir kommen, dann wird aufgeräumt, dann wird ausgemistet, dann wird wieder Politik für das Volk gemacht – denn wir sind das Volk, liebe Freunde“ (zit. n. Bernhard 2015).

3.5 Forderungen nach einem Systemwechsel

Als besonders eindeutig extremistisch kann die Forderung nach einem Systemwechsel gelten. Dabei bedarf es aber einer genauen Beachtung des mit dem Begriff Gemeinten, kann doch „System“ unterschiedlich verstanden werden. Ganz allgemein steht die Bezeichnung für das „politische System“ eines Landes. Es ginge demnach darum, die bestehende Ordnung durch ein anderes Ordnungsmodell zu ersetzen. Angesprochen sind damit also nicht begrenzte oder grundlegende Reformen, beabsichtigt ist nicht nur eine fundamentale ökonomische Veränderung. Demnach soll es eine dezidierte Revolution gegen existente Strukturen geben. Eine solche Auffassung liefe auf die politische Überwindung des demokratischen Verfassungsstaates hinaus – und insofern wäre eine solche Absicht unabhängig von ihrer friedlichen oder gewalttätigen Weise als extremistisch einzuschätzen. Denn die Abwahlmöglichkeit ist in einer modernen Demokratie das entscheidende Kriterium, um in friedlicher und geregelter Form einen politischen Wandel umzusetzen.

Führende AfD-Politiker gehen hier indessen weiter, was zunächst an Aussagen von Gauland verdeutlicht werden soll. In einem Interview bekannte er sich zwar zur freiheitlichen demokratischen Grundordnung, wollte aber ein anderes politisches System. Deutlich formulierte Gauland, „dass dieses politische System wegmuss“. Doch dafür bildet die freiheitliche demokratische Grundordnung die inhaltliche Legitimationsbasis, man kann nicht das eine bejahen und das andere verneinen. Er formulierte deutlich: „Ja, gegen das politische System“, womit auch die Angehörigen anderer Parteien gemeint sein sollten, welche die Merkel-Politik stützten. Es handelt sich dabei aber um die gewählte Bundeskanzlerin, die auch wieder abgewählt werden kann. Gauland formulierte indessen für einen Machtwechsel eine andere Perspektive: „Diejenigen, die die Politik Merkels mittragen, das sind auch Leute aus anderen Parteien und leider auch aus den Medien. Die möchte ich aus der Verantwortung vertreiben. Das kann man eine friedliche Revolution nennen“ (Gauland 2018).

Auch Höcke äußerte sich in ähnlicher Weise. In seiner bekannten Dresdener Rede heißt es: „Die AfD ist die letzte evolutionäre, sie ist die letzte friedliche Chance für unser Vaterland" (Höcke 2017). Diese Formulierung klingt zunächst wie eine bloße Selbstbeweihräucherung. Doch was meint Höcke, wenn man ihn beim Wort nimmt? Gelinge mit der AfD und deren Wahlkandidatur kein evolutionärer und friedlicher Wandel, dann wäre die Folge und das Gegenteil davon ein revolutionärer und gewalttätiger Wandel. Eine derartige Eskalation von Handlungsoptionen ist in der Formulierung integriert, dies wäre die schlüssige Konsequenz. So darf dann wohl auch folgende Bekundung von Höcke verstanden werden: „Ein paar Korrekturen und Reförmchen werden nicht ausreichen. Aber die deutsche Unbedingtheit wird der Garant dafür sein, dass wir die Sache gründlich und grundsätzlich angehen. Wenn einmal die Wendezeit gekommen ist, dann machen wir Deutschen keine halben Sachen" (zit. n. Lau 2018, S. 8). Es soll nicht nur um Korrekturen, sondern einen Systemwechsel gehen.

3.6 Negierung einer gleichrangigen Religionsfreiheit

Zu den Bestandteilen von moderner Demokratie gehört auch, dass die Mehrheit nicht einer Minderheit grundlegende Rechte absprechen kann. Es bedarf demnach einer gleichrangigen Möglichkeit zur Inanspruchnahme von Rechten. Für die hier zu erörternde Frage kommt der Einstellung zum Islam und den Muslimen entsprechende Relevanz zu, wobei es eben um eine religiöse Minderheit und den Umgang mit ihr geht. Dazu bedarf es vorab der Aussage, dass sowohl eine differenzierte Kritik an der Religion des Islam wie an den Einstellungen einiger Muslime nichts mit fremdenfeindlichen Positionen zu tun hat. Es stellt sich hier ausschließlich die Frage, ob den Anhängern des Islam bei ihrer Religionsfreiheit eine geringere Wertigkeit zugeschrieben wird. Derartiges würde gegen das Diskriminierungsverbot verstoßen, hätte man es doch mit der Benachteiligung einer bestimmten Religionsgruppe gegenüber anderen Religionsgruppen zu tun. Genau darin bestünde eine Auffassung, die sich gegen Bestandteile einer modernen Demokratie und offenen Gesellschaft richtet.

Ausführungen zu derartigen Positionen finden sich im Programm, wo ein „Der Islam im Spannungsverhältnis zu unserer Werteordnung" betitelter Unterpunkt steht. Zunächst bekennt man sich „uneingeschränkt zur Glaubens-, Gewissens- und Bekenntnisfreiheit". Die AfD fordert dann, „der Religionsausübung durch die staatlichen Gesetze, die Menschenrechte und unsere Werte Schranken zu setzen". Das ist aber schon längst der Fall, es dürfen keine Grundrechte durch Religionsfreiheit aufgehoben werden. Dann heißt es weiter: „Der Islam gehört nicht zu Deutschland." Was genau dies bedeuten soll, bleibt unklar. Ist die Aussage beschreibend oder bewertend gemeint? Angesichts von Moscheen und Muslimen in Deutschland würde die erstgenannte Deutung eine Realitätsverleugnung darstellen. Bezogen auf eine normative Interpretation, müsste genauer begründet werden, in welchen Auffassungen genau der Islam nicht zu unserem Land gehört. Ganz allgemein wird von Gefahren wie Salafismus gesprochen, welche aber keine der anderen Parteien bejahen.

Beachtenswert ist bei den Erläuterungen zu den Fragen von Integration, Islam und Muslimen, dass in der Gesamtschau grundlegende Widersprüche bestehen. Einerseits bekennt sich die AfD zur Religionsfreiheit, andererseits gehöre der Islam nicht zu Deutschland. Wie können dann aber Muslime ihre Religionsfreiheit praktizieren, wenn der Islam gar nicht zu Deutschland gehören soll? Denn im Programm heißt es: „Viele Muslime leben rechtstreu sowie integriert und sind akzeptierte und geschätzte Mitglieder unserer Gesellschaft." Es bleibt auch unklar, was genau die Folge in der Gesellschaft durch die letztgenannte Position wäre. Im Text steht: „Das Minarett lehnt die AfD als islamisches Herrschaftssymbol … ab …" (AfD 2016, S. 48–50). Es bleibt aber jeder Glaubensgemeinschaft selbst vorbehalten, ihre Gebäude entsprechend der eigenen Vorstellungen zu gestalten. Insofern erfolgt hier ein Eingriff in das Grundrecht auf Religionsfreiheit, das seine Grenzen nur in allgemeinen Gesetzen findet. Das Baurecht gilt dabei für Kirchtürme wie Minarette.

3.7 Neigung zu verschwörungsideologischen Vorstellungen

Für extremistische Auffassungen ist es ein besonderes Indiz, wenn eine Neigung zu verschwörungsideologischen Vorstellungen feststellbar ist. Zu dem hier Gemeinten bedarf es aber einer Klarstellung: Es geht nicht um die Existenz realer Konspirationen, die es in Geschichte und Gegenwart gab und gibt. Es geht um die Behauptung einer Verschwörung, wofür aber keine inhaltlichen Belege angeführt und keine kritische Prüfung möglich ist. Die Deutung von Gesellschaft und Politik folgt danach primär einer Sicht, wonach es nur gute und schlechte Kräfte gibt und die Letztgenannten mit den Verschwörern verbunden sind. Eine extremistische Dimension nehmen derartige Vorstellungen immer dann an, wenn damit ein exklusiver Erkenntnisanspruch über Geschehnisse hinter den „Kulissen" behauptet oder die Legitimation einer demokratisch gewählten Regierung negiert wird. Die angeblichen Akteure können dabei die „Freimaurer" oder „Juden", aber ebenso die „Elite" oder „Mächtigen" sein. Bei der AfD hat man es in Kommentaren eher mit der letztgenannten Variante zu tun.

Es heißt dazu bereits am Beginn des Parteiprogramms: „Heimlicher Souverän ist eine kleine, machtvolle politische Führungsgruppe innerhalb der Parteien. Sie hat die Fehlentwicklungen der letzten Jahrzehnte zu verantworten. … Es handelt sich um ein politisches Kartell, das die Schalthebel der staatlichen Macht… die gesamte politische Bildung und große Teile der Versorgung der Bevölkerung mit politischen Informationen in Händen hat" (AfD 2016, S. 8). Es geht hier bei der Erörterung nicht um eine Eliten-Kritik, die in einer Demokratie nicht nur legitim, sondern notwendig ist.[2] Die Aussage suggeriert aber ohne Belege, dass eine Führungsgruppe innerhalb der Parteien nicht nur die Politik steure. Dies wäre ja deren Aufgabe, sofern sie dafür eine demokratische Legitimation vorweisen können. Es wird darüber hinaus unterstellt, dass die Elite auch eine Kontrolle über die Meinungsbildung des Volkes ausübe. Diese Auffassung verkennt, dass die Medien die Politik kritisch kommentierend begleiten. Mitunter wird sogar von einer „vierten Gewalt" gesprochen.

Besonders häufig kommen darüber hinaus verschwörungsideologische Deutungen im Kontext der Migrationsentwicklung vor. Dabei findet die Formulierung „Großer Austausch" intensive Verbreitung, womit die angebliche Ersetzung der einheimischen durch migrantische Menschen gemeint ist. Der entscheidende Gesichtspunkt ist hier aber nicht, dass Individuen aus anderen Ländern einwandern. Es wird nahegelegt, dass dies nicht durch die individuelle Entscheidung der Migranten oder die Entwicklung in ihren Ländern motiviert ist. Es soll eine Art Plan für ein solches Projekt geben, wobei aber die konkreten Akteure, also die Verschwörer nicht klar benannt werden. Ein Beispiel dafür ist Gaulands Rede von 2017, wonach „der Bevölkerungsaustausch läuft" (Gauland 2017). Gleiches gilt für den 2016 von der heutigen Bundestagsabgeordneten Beatrix von Storch abgesetzte Tweet „Die Pläne für einen Massenaustausch der Bevölkerung sind längst geschrieben" (Storch 2016), wobei es sich um eine Fehldeutung von Prognosen der Vereinten Nationen handelte.

3.8 Pauschalisierungen durch fremdenfeindliche Stereotype

„Fremdenfeindlichkeit" meint die pauschale Negativzeichnung von Personen, die als „Fremde" empfunden werden, es aber nicht sein müssen. Dabei besteht der primäre Bezugspunkt in der angeblichen oder tatsächlichen Zugehörigkeit

[2]Ein Beispiel für eine demokratische und wissenschaftliche Eliten-Kritik ist: Hartmann 2018.

zu einer sozialen Gruppe und zwar unabhängig von individuellen Verhaltensweisen. Die Definition schließt damit das kritische Hervorheben von Spezifika aus, welche bestimmte ethnischen, kulturellen, religiösen oder sozialen Milieus nach empirischen Untersuchungen aufweisen. Dies hat nichts mit Fremdenfeindlichkeit zu tun, gehen solche Beschreibungen doch nicht mit Diffamierungen aller Individuen einher. Die Bezeichnung „Fremdenfeindlichkeit" will daher diese Herabwürdigung erfassen und sieht sie hier auch als Merkmal von Rechtsextremismus an. Es geht demnach nicht um die Hervorhebung von Problemen mit Minderheiten, sondern um die Negativzeichnung von Personen durch Zugehörigkeiten. Dies meint auch die obige Formulierung „Ideologie der Ungleichwertigkeit" als Merkmal von Rechtsextremismus.

Ein Beispiel dafür sind die Ausführungen des AfD-Politikers Nicolaus Fest, dem ehemaligen Stellvertretenden Chefredakteur der „Bild am Sonntag" und (allerdings erfolglosen) Direktkandidaten seiner Partei zu den Bundestagswahlen im Wahlkreis Berlin-Charlottenburg – Wilmersdorf. Er schrieb 2017 in einem Blogeintrag über „Gruppen von arabischen, türkischen und afrikanischen Jugendlichen": „Alle sind laut, aggressiv, präpotent, ohne den Willen zu einfachster Höflichkeit, ohne jede soziale Intelligenz … Nicht einfach sind diese Leute, sondern primitiv und bösartig." Und dann bemerkte er in Anspielung auf ein bekanntes Max-Frisch-Zitat, wonach man Gastarbeiter rief und Menschen kamen: „Wir riefen Gastarbeiter, bekamen aber Gesindel" (zit. n. Beikler 2017). Die Formulierungen machen die Pauschalisierungen deutlich. Es heißt deutlich „alle" und „Gesindel", „bösartig" und „primitiv". Nachdem diese Äußerungen bekannt wurden, formulierte der zuständige Landesverband eine verhaltene Distanzierung nur aufgrund der Wortwahl.

Demgegenüber folgten den Ausführungen im folgenden Beispiel doch Konsequenzen. Anlässlich des politischen Aschermittwochs 2018 erklärte André Poggenburg, der damalige Landesvorsitzende in Sachsen-Anhalt, in einer Rede über Sprecher der „Türkischen Gemeinde in Deutschland": „Diese Kümmelhändler haben selbst einen Völkermord an 1,5 Mio. Armeniern am Arsch … und wollen uns irgendetwas über Geschichte und Heimat erzählen? Die spinnen wohl! Diese Kameltreiber sollen sich dahin scheren, wo sie hingehören" (Poggenburg 2018). Gegen die Aufnahme dieses Beispiels spricht wohlmöglich, dass Poggenburg nach dieser Rede seine Ämter als Fraktions- und Landesvorsitzender aufgab. Dies war aber ohnehin absehbar, hatte er sich doch durch persönliches Gebaren – aber nicht durch seine politischen Positionen – unbeliebt gemacht. Beachtenswert sind nicht nur seine Aussagen selbst, sondern auch die Stimmung in dem Video (vgl. ebd.). Es dokumentiert wie das AfD-Publikum gerade in diesem Moment mit hasserfüllter Stimmung reagierte.

3.9 Relativierung des Antisemitismus

Antisemitismus meint Feindschaft gegen Juden als Juden. Diese artikuliert sich nicht nur in direkten Bekundungen gegen bestimmte Personen, sie findet auch in einschlägigen Stereotypen und Unterstellungen ihre Verbreitung. Eine demokratische Auffassung hat insofern gegenüber einschlägigen Behauptungen auch immer eine distanzierende Haltung einzunehmen. Demnach sollte nicht nur, aber auch angesichts der Geschichte des Holocaust keine Relativierung oder Verharmlosung erfolgen. Denn das kritische Bewusstsein von der Judenfeindschaft steht von daher auch für ein demokratisches Verantwortungsgefühl. Darum geht es auch in der folgenden Erörterung, die in der AfD keine antisemitische Partei sieht. Diese möchte einen solchen Eindruck öffentlich vermeiden. Daher entstand mit den „Juden in der AfD“ ein parteiinterner Zusammenschluss, der gegenteilige Eindrücke für die Partei erst gar nicht aufkommen lassen sollte. Gleichwohl hat die AfD ein Antisemitismus-Problem, aber auf anderer Ebene als mitunter gemeint.

Blick man auf die kurze Geschichte der Partei, dann war sie immer wieder von einschlägigen Skandalen geprägt (vgl. Pfahl-Traughber 2016). Dabei kam es durchaus zu Distanzierungen und Funktionsverlusten, aber meist erst nach kritischen Medienberichten und nicht aus der Partei selbst heraus. Es gab aber auch Fälle, welche für die Gemeinten nicht zu Nachteilen führten. Dies macht anhand der vielen Fälle im Vergleich deutlich, dass es in der Distanzierung von der Judenfeindschaft keine wirkliche Konsequenz gab. Als dominante Deutung lässt sich eher folgende Einschätzung von Partei-Sprecher Meuthen zitieren: „Die AfD ist dezidiert israelfreundlich, Antisemitismus liegt uns fern … Wenn jüdisches Leben hierzulande bedroht ist, dann doch eher durch radikalisierte Moslems“ (Meuthen 2016). Demnach wird Antisemitismus weder in der Mehrheitsgesellschaft noch der Partei gesehen, man schreibt die Judenfeindschaft nur den Muslimen zu. Gerade angesichts eines Falls in der von Meuthen seinerzeit geführten Landtagsfraktion verwundert dieses Statement:

Der hier gemeinte Wolfgang Gedeon hatte vor seiner Wahl in das Parlament von Baden Württemberg mehrere Bücher veröffentlicht, worin er die „Ghetto-Juden“ als Feinde des Abendlands bezeichnete und die antisemitische Fälschung der „Protokolle der Weisen von Zion“ für echt erklärte. Nachdem dies durch kritische Medienberichte öffentlich bekannt wurde, kam es 2016 zu Konflikten hinsichtlich des Umgangs mit dem Verfasser. Anträge für einen Fraktionsausschluss fanden keine Mehrheit, und daraufhin entstand eine neue Fraktion der Gedeon-Kritiker um Meuthen. Eigentlich wollte dieser nicht mehr mit den Anhängern des Autors mit antisemitischen Vorstellungen kooperieren, gleichwohl schlossen sich die beiden Fraktionen nach mehreren Monaten wieder zusammen. Gedeon trat offiziell eigenständig aus der Fraktion aus. Gleichwohl gab und gibt es noch in ihr weiterhin Anhänger von ihm. Auch blieb Gedeon ein Mitglied der Partei. Eine klare Abgrenzung von ihm durch die Partei erfolgte insofern nicht (vgl. Pfahl-Traughber 2016, S. 285–288).

3.10 Relativierung der NS-Vergangenheit

Der Einstellung zum historischen Nationalsozialismus kommt im politischen Selbstverständnis ein besonderer Stellenwert zu. Dabei handelte es sich bekanntlich um eine totalitäre Diktatur, welche die Hauptschuld am Ausbruch des Zweiten Weltkriegs trug und für die Vernichtung von Millionen von Juden verantwortlich war. Die Bundesrepublik Deutschland ist als Demokratie gerade als Gegensatz zur NS-Herrschaft gegründet worden. Eine inhaltliche Bejahung von diesem steht demnach im erklärten Widerspruch zum demokratischen Verfassungsstaat. Gleiches gilt aber auch für eine Relativierung, welche etwa in der Minimierung des Stellenwertes dieses Systems in einer Wertung vermittelt wird. Dadurch schwindet die Bedeutung nicht nur als historische Entwicklungsphase, sondern auch als politisches Negativbild. Gerade aus der kritischen Auseinandersetzung mit diesem ergibt sich für eine moderne Demokratie eine inhaltliche Legitimation, zumindest aus der politischen Deutungsperspektive der deutschen Geschichte.

Auffällig ist, dass AfD-Politiker immer wieder ohne jeweils aktuelle Anlässe auf das NS-Bild in der Öffentlichkeit anspielen. Auch hier mag als Beispiel erneut Gauland dienen, äußerte er doch 2017: „Man muss uns diese zwölf Jahre nicht mehr vorhalten. Sie betreffen unsere Identität heute nicht mehr“. Und weiter bemerkte er: Wenn Franzosen und Briten stolz auf ihren Kaiser oder Churchill seien, „haben wir das Recht, stolz zu sein auf Leistungen deutscher Soldaten in zwei Weltkriegen“ (zit. n. O.A. 2017b). Die Anerkennung im letzten Fall bezieht sich aber auf ein militärisches Engagement für eine politische Führung von Kriegsverbrechern und Massenmördern, insofern bedeutet diese Denkperspektive eine Relativierung der NS-Vergangenheit. Sie zeigte sich bei Gauland auch in einer Rede vor der Parteijugend 2018, wo er äußerte: „Ja, wir bekennen uns zu unserer Verantwortung für die zwölf Jahre. Hitler und die Nazis sind nur ein Vogelschiss in unserer über 1000jährigen Geschichte“ (zit. n. O.A. 2018a). Diese Auffassung verkennt die erwähnte demokratietheoretische Bedeutung einer kritischen Sicht auf diese politische Vergangenheit.

Auch Höcke thematisiert immer wieder die NS-Zeit in einem geschichtspolitischen Sinne. Bekannt wurde seine Bezeichnung „Denkmal der Schande" für die Holocaust-Gedenkstätte in Berlin, wobei die Deutung dieser Formulierung hier nicht weiter thematisiert werden soll. Demgegenüber sei auf seine folgende Forderung verwiesen: „Und diese dämliche Bewältigungspolitik, die lähmt uns heute … Wir brauchen nichts anderes als eine erinnerungspolitische Wende um 180 Grad" (Höcke 2017). Dabei kommt gleich drei Aspekten besondere Bedeutung zu: Der kritische Blick auf den Nationalsozialismus wird als Hindernis für die Praxis der eigenen Politik verstanden, es geht um ein politisches, weniger um ein wissenschaftliches Geschichtsbild, und eben dieses soll in sein grundlegendes Gegenteil verkehrt werden. Wenn man aber die Formulierung von einer „Wende um 180 Grad" wörtlich nimmt, dann bedeutet dies, dass eine angeblich einseitig negative Betrachtung des „Dritten Reiches" in ein doch eher positives Bild münden soll.

Kontexte zum neueren und traditionellen Rechtsextremismus

4

4.1 Funktionsträger mit Kontexten zum traditionellen Rechtsextremismus

Bei der Erörterung von Kontexten zum neuen und traditionellen Rechtsextremismus[1] geht es um unterschiedliche Zusammenhänge. Dazu gehört zunächst die Frage, inwieweit bedeutsame Funktionsträger entsprechende Prägungen oder Vergangenheiten aufweisen. Der erste Aspekt meint Einstellungen, die beispielsweise fremdenfeindlich oder gewaltbefürwortend in einer überdeutlichen Form sind. Der zweite Aspekt bezieht sich auf frühere Kontakte oder Mitgliedschaften, wozu etwa das NPD-Umfeld oder die Neonazi-Szene zählen. Im ersten Bereich geht es bezüglich der Herkunft demnach um ein Meinungs-, im zweiten Fall um ein Organisationsmilieu. Dabei bedarf es aber der Beachtung folgender Einwände: Da derartige Detailangaben nicht über die meisten Funktionsträger vorliegen, gibt es für die Einschätzung der Gesamtpartei das Problem einer Verallgemeinerung. Auch fehlende diesbezügliche Kontexte müssen darüber hinaus nicht gegen eine rechtsextremistische Prägung sprechen. Gleichwohl soll ein Blick auf Fallbeispiele zur Veranschaulichung erfolgen:

Für einen hohen Funktionsträgers mag hier Andreas Kalbitz stehen: Er ist AfD-Fraktions- und Landesvorsitzender in Brandenburg und einer der Beisitzer im Bundesvorstand seiner Partei. 2007 hatte Kalbitz noch an einem Lager der neonazistischen „Heimattreuen Deutschen Jugend" teilgenommen (vgl. O. A. 2018).

[1]Mit neuerem Rechtsextremismus sind Phänomene wie die Identitären und die Neue Rechte, mit traditionellem Rechtsextremismus sind Phänomene wie die NPD und Neonazi-Szene gemeint.

A. Pfahl-Traughber, *Die AfD und der Rechtsextremismus*, essentials,
https://doi.org/10.1007/978-3-658-25180-2_4

Er war zwischen 2010 und 2015 Vorsitzender des rechtsextremistischen Vereins „Kultur- und Zeitgeschichte. Archiv der Zeit“ und legte dieses Amt erst nach kritischen Presseberichten nieder (vgl. O. A. 2015). 2016 wurde bekannt, dass Kalbitz einen ehemaligen Neonazi-Aktivisten als Mitarbeiter im Landtag beschäftigte (vgl. Fröhlich 2016). Es handelt sich hier wohlgemerkt um einen Landesvorsitzenden der Partei. Ein im erstgenannten Fall genannter Kontakt in den Neonazismus setzt durchaus Verbindungen voraus und geschieht nicht aus Zufall. Und eine langjährige Führungsfunktion in einer rechtsextremistischen Organisation spricht für eine szeneinterne Verankerung. Das erstgenannte erklärt darüber hinaus wohlmöglich das drittgenannte Vorkommnis.

Andere Beispiele beziehen sich auf bayerische Landtagsabgeordnete, wobei es um mentale und nicht um organisatorische Kontexte geht. So trat Roland Magert öffentlich mit einem T-Shirt auf, welches von der neonazistisch ausgerichteten Marke „Ansgar Aryan“ stammte. Da man dies nur mit einschlägigen Kontakten bekommen kann und dessen öffentliche Präsentation auch als Statement gelten darf, handelt es sich hierbei nicht um eine Frage der richtigen Kleidungswahl. Sein Fraktionskollege Ralf Stadler fiel durch diverse Postings auf, welche über Facebook in die Öffentlichkeit verbreitet wurden. Darauf konnte man Aussagen wie „Der Optimist lernt Chinesisch. Der Pessimist lernt Arabisch. Der Realist lernt Schießen“ oder „Sage ja … Legale Waffen für freie deutsche Bürger“ lesen. Es gab für eine Holocaust-Leugnerin eine Sympathieerklärung und für die Identitären einen Spendenaufruf (vgl. RTL 2018; Schmitt 2018). Dabei handelt es sich nicht nur um Einzelfälle. Auch in Kenntnis dieser Kontexte wurden sie Mandatsträger und verblieben in der Partei.

4.2 Verhältnis zu den Identitären

Ein besonderer Aspekt der vorgenannten Thematik ist die Einstellung gegenüber den Identitären. Die damit gemeinte Gruppierung versteht sich als „Jugendbewegung“, die mit provokativen Aktionen in der Öffentlichkeit auf sich aufmerksam macht. Dabei bekennt man sich zu einem „Ethnopluralismus“ und positioniert sich gegen Rassismus. Gleichwohl läuft die Auffassung von ethnisch und kulturell homogenen Räumen in der Praxis letztendlich auf eine „Ausländer raus!“-Politik hinaus. Berücksichtigt man außerdem die Berufung auf Denker der Konservativen Revolution und die Herkunft vieler führender Identitärer aus der Neonazi-Szene, so ergeben sich daraus eine Fülle von Indizien für eine rechtsextremistische Orientierung. Dies führte auch zur Einstufung als Verdachtsfall bei den Verfassungsschutzbehörden (vgl. BMI 2018, S. 80 f.). Offenbar um hier nicht eine ähnliche Einstufung zu erhalten, distanzierte sich die AfD offiziell von den Identitären: Es gab dazu gar einen Abgrenzungsbeschluss, der aber in der Realität vielfach unterlaufen wird.

Hier geht es fortan nicht um die breit belegbare Kooperation einzelner Parteimitglieder mit den Identitären (vgl. Geisler u. a. 2017), vielmehr soll die Begründung für die Distanzierung näheres Interesse finden. Eine derartige Bekundung stammt aus einem Gauland-Interview von 2016, worin es heißt: „Wir haben einen Beschluss im Bundesvorstand gefasst, dass es keine Zusammenarbeit mit der Identitären Bewegung gibt. … Wir sind die AfD, wir sind das Original. Wer ähnliche Ziele verfolgt, kann zu uns kommen." Und dann weiter: „Ich muss auch taktisch damit umgehen, dass die IB zum Teil vom Verfassungsschutz beobachtet wird. … Deswegen sehe ich überhaupt nicht ein, warum wir mit der Identitären Bewegung zusammenarbeiten sollen, denn die können alle zu uns kommen" (Gauland und Höcke 2016, S. 31). Demnach distanzierte sich Gauland nur aus strategischen Gründen von den Identitären, da sie für ihn eine Konkurrenz für die Partei waren. Inhaltlich sah er keine Differenzen, wurde doch eine Einladung zur Mitarbeit aufgrund von Übereinstimmung ausgesprochen.

Dass die AfD und die Identitären eigentlich das Gleiche wollen, bestätigte ebenfalls Hans-Thomas Tillschneider, Landtagsabgeordneter seiner Partei in Sachsen-Anhalt. Unter der gleichen Adresse wie ein Hausprojekt von diesen in Halle konnte man zeitweise sein Wahlkreisbüro erreichen. Angesichts von öffentlichen Diskussionen darüber, die AfD oder Teile von ihr vom Verfassungsschutz beobachten zu lassen, erklärte Tillschneider: „Wir müssen auch eine unglückliche Verquickung mit der Identitären Bewegung lösen". Gleichzeitig meinte er: „Die AfD will das Gleiche wie die Identitäre Bewegung, inhaltlich gibt es keinen Dissens." Es gehe nur um eine „strukturelle Entflechtung", es werde ein „Angriffspunkt zugemacht" (zit. n. jbe 2018). Auch hier wird ein ideologisch inhaltlicher Konsens deutlich, während Verbindungen nur als strategisch ungünstig gelten. Gleichwohl belegen diese Aussagen, dass sowohl Gauland wie Tillschneider politisch keinen Gegensatz zwischen den extremistischen Identitären und ihrer eigenen Partei sehen.

4.3 Verhältnis zur Neuen Rechten

Bedeutende AfD-Politiker halten auch zur Neuen Rechten enge Verbindungen. Die Bezeichnung steht für eine nicht fest organisierte Gruppe von Intellektuellen, die sich auf das Gedankengut der Konservativen Revolution der Weimarer Republik berufen und durch eine „Kulturrevolution von rechts" einen grundlegenden politischen Wandel anstreben. Bezogen auf den erstgenannten Aspekt handelt es sich um Denker wie Arthur Moeller van den Bruck, Edgar Julius Jung, Carl Schmitt oder Oswald Spengler, die alle nicht nur die Strukturen, sondern auch das Wertefundament des ersten deutschen demokratischen Verfassungsstaates negierten. Ihre daraus ableitbare Befürwortung einer autoritären Diktatur macht sie aus heutiger Perspektive zu intellektuellen Rechtsextremisten, was ebenso für eine Berufung auf diese Denker als politische Klassiker des eigenen Selbstverständnisses gilt. Bei der erwähnten „Kulturrevolution von rechts" geht es um einen „geistigen Kampf" mit dem politischen Systemwechsels als letztendliche Zielsetzung (vgl. Pfahl-Traughber 1998).

Die gegenwärtig bedeutsamste entsprechende Einrichtung ist das „Institut für Staatspolitik" (IfS), das Konferenzen zu politischen Grundsatzfragen durchführt und mit der „Sezession" eine eigene Theoriezeitschrift herausgibt. In dieser wird ganz offen von „Umsturz", „Umwälzung" und „Widerstand" gesprochen (vgl. Pfahl-Traugher 2017a). Der AfD wollten dessen wichtige Repräsentanten, Götz Kubitschek und Ellen Kositza, bereits 2015 beitreten. In der Lucke-Ära wurde ihnen indessen die Mitgliedschaft noch verwehrt. Später gab es dann keine diesbezüglichen Anstrengungen mehr, hatten sich doch einschlägige Kontakte und Kooperationen unabhängig davon etabliert. Höcke und Kubitschek gelten als befreundet. Der AfD-Landesvorsitzende von Thüringen hatte auch häufiger im „Institut für Staatspolitik" eigene Vorträge gehalten. Höcke berief sich in seiner bekannten Dresdener Rede 2017 als einzige Quellenangabe direkt auf die „Sezession" (vgl. Höcke 2017). Und Fernsehberichte zeigten als regelmäßigen Gast dort Tillschneider (vgl. ZDF 2016).

Einen besonderen Beleg auch für Gaulands Nähe zur Neuen Rechten findet man auf einem Foto, das vor dem Bundeskanzleramt in Berlin anlässlich einer „Mahnwache" 2016 entstand. Dieses zeigt auch körperlich sehr dicht nebeneinander Kubitschek zwischen Gauland und Höcke stehend (vgl. Granderath 2018). Es gibt darüber hinaus noch andere Indizien für ein enges AfD-Neue Rechte-Verhältnis: Der als „Partei-Philosoph" geltende Marc Jongen publizierte in der „Sezession" (vgl. z. B. Jongen 2017). Dort nimmt Kubitschek auch regelmäßig zu parteiinternen Strategiediskussionen inhaltlich Stellung und plädiert dabei für eine „Fundamentalopposition" statt „Selbstverharmlosung" (vgl. Pfahl-Traughber 2017a). Und 2018 konnte Andreas Lichert in den hessischen Landtag einziehen. Dabei handelte es sich um den früheren Vorsitzenden des „Vereins für Staatspolitik", der wiederum für das IfS als Träger fungiert und demnach in diesem Kontext von hoher Relevanz war (vgl. Majic 2017). Dieses Amt gab Lichert erst nach kritischen Medienberichten kurz vor der Wahl ab.

4.4 Verhältnis zur NPD und Neonazi-Szene

Die AfD hält formal Distanz zur NPD und Neonazi-Szene. Eine solche Ausrichtung wurde bereits in der Frühgeschichte der Partei vorgenommen und in offiziellen Erklärungen bis in die Gegenwart beibehalten. Dass bei AfD-Demonstrationen immer auch wieder Angehörigen aus diesen beiden Bereichen des traditionellen Rechtsextremismus mitmarschieren, kann der Partei angesichts der Offenheit solcher Veranstaltungen nicht direkt vorgeworfen werden. Dies gilt aber nicht für fehlende Distanzierungen im Nachhinein oder mangelnde Klarstellungen im zeitlichen Vorfeld. Bedeutsam für die hier zu erörternde Frage ist indessen, dass es keine feste Kooperation mit den erwähnten Strömungen gibt. Eine solche Einsicht spricht nicht notwendigerweise dafür, dass die AfD keine rechtsextremistische Partei ist. Die Abgrenzung von NPD und Neonazi-Szene ergibt sich schon aus der strategischen Notwendigkeit heraus, als konservative und seriöse Partei wahrgenommen und eben nicht selbst dem Rechtsextremismus zugeordnet zu werden.

Darüber hinaus besteht zwischen AfD und NPD eine Konkurrenzsituation: Beide bedienen sich der gleichen Diskursthemen mit ähnlichem Zuschnitt, beide sprechen hinsichtlich der politischen Einstellungen und sozialen Merkmale die gleichen Wählergruppen an. Das gelingt der AfD erfolgreicher als der NPD. Diese beklagt sich darüber, dass die politische Ernte, die man durch jahrzehntelange Agitation gesät habe, nun von einer Konkurrenzpartei eingefahren werde. Aus der Binnenperspektive der NPD ist eine solche Wahrnehmung nachvollziehbar, erhält sie doch kaum noch Stimmen bei aktuellen Wahlkandidaturen. Daher ist für die AfD eine solche Kooperation eher kontraproduktiv, würde sie im öffentlichen Erscheinungsbild doch zu einem enormen Schaden führen. Bemerkenswert in diesem Kontext ist gleichwohl folgendes Statement, das von dem AfD-Funktionär Dubravko Mandic stammt: „Von der NPD unterscheiden wir uns vornehmlich durch unser bürgerliches Unterstützer-Umfeld, nicht so sehr durch Inhalte“ (zit. n. Hering 2016).

Dieser Auffassung, die man auch als Bestätigung der folgenden Gesamtbewertung der Partei lesen kann, soll hier gar nicht pauschal zugestimmt werden. In der ideologischen Grundausrichtung bestehen zwischen den beiden Parteien durchaus Unterschiede. Denn während eine Anlehnung an die nationalsozialistische Ideologie in der NPD stark ausgeprägt ist, lässt sich eine solche Orientierung bei der AfD allenfalls in eher randständigen Teilbereichen ausmachen. Es gibt indessen nicht nur eine nationalsozialistische Form, sondern noch andere Ideologievarianten des Rechtsextremismus. Die erwähnte formale wie inhaltliche Distanz erklärt, dass es auch bei AfD und Neonazi-Szene im festeren organisatorischen

Sinne keine Zusammenarbeit gibt. Gleichwohl bestanden und bestehen von AfD-Funktionsträgern durchaus Kontakte zu NPD-Mitgliedern und Neonazis. Mitunter wurden Angehörige dieses politischen Lagers auch Mitarbeiter im Parlamentsbereich, was dann allenfalls nach kritischen Medienberichten als Problem gesehen wurde.

4.5 Extremismusvorwürfe aus der Partei selbst

Die hier vertretene Einschätzung, wonach sich in der AfD nicht nur am Rand, sondern auch im Zentrum extremistische Positionen und Zielsetzungen nachweisen lassen, wird mitunter gar von aktiven Parteimitgliedern direkt oder indirekt geteilt. Dabei geht es nicht um die vielen „Aussteiger", also ehemalige AfD-Mitglieder, welche die Partei verlassen haben und in diesem Kontext auf rechtsextremistische Personen und Positionen hinwiesen. Gemeint sind vielmehr Angehörige jener Bereiche oder Flügel, die eine demokratische Rechtspartei etablieren wollten. Durch die kontinuierliche Entwicklung, die als inhaltlicher „Rechtsruck" gelten kann, wurden diese Personen immer mehr an den Rand der Partei gedrängt. Darauf gab es unterschiedliche Reaktionen: Einige passten sich um ihrer Ämter und Karriere willen derartigen Tendenzen an. Andere äußerten immer wieder Einwände gegen einschlägige Entwicklungen in der Partei. Diese hatten aber letztendlich keine Folgen, blieben doch in der Gesamtschau die Gemeinten eine eher einflussarme Minderheit.

Insbesondere kritische Aussagen zu Höcke können in diesem Kontext genannt werden. 2017 beantragte die damalige AfD-Spitze noch um Frauke Petry ein Parteiausschlussverfahren gegen ihn, wofür eine Auswertung seiner Auftritte, Reden und Schriften mit einem sechzigseitigen Umfang vorgelegt wurde. Darin sprach man gar von einer „Wesensverwandtschaft mit dem Nationalsozialismus". Bei dem Thüringer Landesvorsitzenden werde ein „Menschenbild sichtbar, welches der Würde des Menschen widerspricht". Darüber hinaus hieß es, dass sich Höcke „unmittelbar gegen die verfassungsgemäße Ordnung" (zit. n. Portmann 2017) wende. Bei ihm fänden sich auch Aussagen, die Adolf Hitler in Wahlkampfreden im Jahr 1932 genutzt habe. Eine derartige Verwandtschaft sei nicht zufällig. Demnach schätzte man Höcke gar dezidiert als Nationalsozialisten und nicht nur allgemein als Rechtsextremisten ein. 2018 lehnte das Landesschiedsgericht in Thüringen indessen diesen Vorstoß ab. Höcke blieb AfD-Mitglied, wodurch sich die Partei seine Stellungnahmen auch zurechnen lassen muss.

Und dann sei hier noch auf die Aussagen von Jörn Kruse verwiesen. Der Hamburger Bürgerschaftsabgeordnete und frühere Landesvorsitzende kommentierte öffentliche Veranstaltungen, wobei führende AfD-Politiker zusammen mit Neonazis an „Trauermärschen" 2018 teilnahmen. Kruse bemerkte über seine Partei: „Sie macht jetzt – jedenfalls in der öffentlichen Wahrnehmung – gemeinsame Sache mit Rechtsradikalen. Ohne energisches Gegensteuern wird das die Partei an den rechtsradikalen Rand führen." Über eine Rede des brandenburgischen AfD-Vorsitzenden Andreas Kalbitz beim „Kyffhäuser-Treffen" des rechten Parteiflügels schrieb Kruse: „Das war Nazi-Sprech." Und ein Buch von Höcke kommentierte er mit den Worten: „Auch das ist Nazi-Jargon" (zit. n. jbe 2018). Gauland und Meuthen forderte er zu einer Distanzierung auf, was aber nicht geschah. Einige Tage nach dem Interview trat Kruse aus der Partei aus. Hier ist für die Gesamteinschätzung bedeutsam, dass er in der AfD nationalsozialistische Auffassungen bei hohen Funktionsträgern sah.

4.6 Die „Alternative Mitte" als potenzielle Gegenkraft

Angesichts der vorgenannten Ausführungen soll noch ein gesonderter Blick auf die potenziellen Gegenkräfte in der AfD geworfen werden. Es geht dabei insbesondere um die „Alternative Mitte" (AM), eine Arbeitsgruppe, welche die gemäßigten Kräfte in der Partei versammeln will. Gegründet wurde die AM 2017 auch in kritischer Distanz zu der von Höcke repräsentierten Linie, was sich etwa in kontinuierlichen Forderungen zum Parteiausschluss artikuliert. Dementsprechend positionierten sich die AfD-Führungskräfte dazu: Während die Gründung von der damaligen Bundessprecherin Petry begrüßt wurde, fand sie bei Gauland keine inhaltliche Zustimmung. Auch Meuthen äußerte sich distanziert, wollte er doch die beklagte „Rechtsentwicklung" der Partei so nicht sehen (vgl. Maas und Bernhard 2017). Berengar Elsnar von Gronow, der als AM-Sprecher fungiert, nannte um die 1000 Mitglieder bundesweit als Unterstützer. In einem Interview behauptete er gar: „Wir verkörpern die Mehrheit in der AfD" (Gronow 2017), wofür es aber wenig Indizien gibt.

Gleichwohl fand man beispielsweise gegenüber Gaulands Position, wonach in der deutschen Geschichte der Nationalsozialismus nur ein „Vogelschiss" sei, deutliche Worte. In einer AM-Stellungnahme heißt es dazu: „Einem Politiker, der über ein Mindestmaß an Fingerspitzengefühl und Verantwortungsbewusstsein für unsere Geschichte verfügt, darf das nicht passieren." Gauland habe als Fraktions- und Parteivorsitzender eigentlich die Aufgabe, den Nutzen für die Partei zu mehren und den Schaden von ihr abzuwenden. Demgegenüber vermittle er in „der Öffentlichkeit ein Bild von der AfD als am rechten Rand offene Partei". Die AM entschuldigte sich sogar „öffentlich bei allen Opfern des Naziregime sowie deren Familien für die als unglaubliche Bagatellisierung der Nazizeit empfundene Äußerung unseres Parteivorsitzenden" (AM 2018a), was dieser wiederum als Affront gegenüber seiner Person und Position empfinden müsste. Bemerkenswert ist indessen, dass die AM weiterhin organisatorischer Bestandteil einer Partei mit einem solchen Vorsitzenden ist.

Auch gegenüber Höcke positionierte man sich immer wieder mit kritischen Kommentaren. Hierzu gehört eine Stellungnahme mit dem bezeichnen Titel: „AfD sollte Höcke endlich in hohem Bogen aus der Partei werfen". Dabei kommt indessen nicht primär einer inhaltlichen, sondern einer taktischen Dimension ein hoher Stellenwert zu. Denn es wird zwar einerseits von dem „Größenwahn" Höckes und seiner Nähe zu Nationalsozialismus-Anhängern im Landesverband Thüringen gesprochen. Andererseits betont man die Gefahr, dass Höcke für die Legitimation einer Verfassungsschutzbeobachtung stehen könne. Denn: „Parteien, die vom Verfassungsschutz beobachtet werden, verlieren Mitglieder, gewinnen keine Mehrheiten und verschwinden schließlich in der Bedeutungslosigkeit" (AM 2018b), wonach als Beispiel auf die „Republikaner" verwiesen wird. Unabhängig von der Frage, wie die der AM zugeschriebene Mäßigung eingeschätzt werden sollte, muss aber deren Stellenwert relativiert werden. Keine bedeutsame AfD-Führungsfigur steht auf deren Seite.

4.7 Abgrenzungsbemühungen als Folge von Kritik

Zu Abgrenzungsbemühungen von den oben Gemeinten kam es erst im Spätherbst 2018. Diese Entwicklung muss vor dem Hintergrund von öffentlichen Kontroversen gesehen werden, welche mit dem Demonstrationsverhalten der Partei einige Zeit zuvor zu tun hatte. In Chemnitz und Köthen waren mutmaßlich Flüchtlinge an Tötungen beteiligt. Daraufhin rief die AfD zu Demonstrationen auf, um gegen die Migrationsentwicklung zu protestieren. Daran beteiligten sich auch viele Angehörige aus dem traditionellen rechtsextremistischen Lager, wozu bekannte Aktivisten der Neonazi-Szene gehörten. Gleichzeitig kam es zu gewalttätigen Ausschreitungen. Der AfD-Bundestagsabgeordnete Markus Frohnmaier schrieb dazu auf Twitter: „Wenn der Staat die Bürger nicht mehr schützen kann, gehen die Menschen auf die Straße und schützen sich selber. Ganz einfach! Heute ist es Bürgerpflicht, die todbringende ‚Messermigration' zu stoppen". Und Gauland erklärte dazu: „Wenn eine solche Tötungstat passiert, ist es normal, dass Menschen ausrasten" (zit. nach O.A. 2018b).

Da hier der Eindruck einer Forderung nach „Selbstjustiz“ aufkam und die Krawalle als „Selbstverteidigung“ verharmlost wurden, stellte sich erneut die Frage, ob die Partei nicht von den Verfassungsschutzbehörden beobachtet werden sollte. Auch die Anwesenheit von bekannten Neonazi-Aktivisten bei den Veranstaltungen sprach dafür (vgl. Bender und Niendorf 2018). Darin sah man in der AfD-Führung aber eine größere Gefahr für zukünftige Wahlkandidaturen, würde doch wohlmöglich durch eine Verfassungsschutzbeobachtung das bürgerliche Wählerklientel eher abgeschreckt. Auf einen diesbezüglichen Effekt bei den „Republikanern“, die Ende der 1980er/Anfang der 1990er Jahre ähnlich ausgerichtet Wahlerfolge verbuchen konnten, wurde dabei immer wieder hingewiesen. Erst nun setzten intensivere Bemühungen ein, gegen diesbezüglich problematische Parteimitglieder vorzugehen. Es kam zu Anträgen, die einschlägige Abgeordnete aus den Fraktionen oder Mitglieder aus der Partei ausschließen sollten. Dabei reagierte man aber erst auf öffentlichen Druck.

Von den Abgrenzungsbemühungen betroffen waren aber meist nur jene Fraktions- oder Parteimitglieder, die Kontakte oder Mitgliedschaften in das NPD- und Neonazi-Spektrum, also in den traditionellen Rechtsextremismus aufwiesen. Andere Betroffene waren durch Hitler-Bilder auf Weinflaschen oder Hitler-Grüße auf Urlaubsfotos in die Medien geraten. Auch gegen Wolfgang Gedeon, der durch die Begeisterung für antisemitische Verschwörungsvorstellungen bekannt geworden war, strebt man nun einen Parteiausschuss an (vgl. Weiland 2018). Demgegenüber will die AfD-Spitze gegen ebenfalls relevante Führungsfiguren der Partei nicht vorgehen: Weder Höcke, noch Kalbitz, noch Tillschneider – um hier nur drei bekannte Namen zu nennen – drohen entsprechende Maßnahmen. Gleiches gilt für andere AfD-Funktionsträger mit Kontakten zu den Identitären oder der Neuen Rechten, also in den neueren Rechtsextremismus. Dies macht in der Gesamtschau deutlich, dass es sich nicht um glaubwürdige Lehren und Maßnahmen handelt.

Einschätzungen hinsichtlich der Extremismusfrage

5

5.1 Anmerkungen zur Einschätzung der AfD als „rechtspopulistisch"

Die AfD wird nicht nur in den Medien und der Politik häufig als „populistisch" bzw. „rechtspopulistisch" bezeichnet, meist geschieht dies aber ohne eine genauere Begriffsbestimmung vorzunehmen. Insofern stellt sich die Frage: Wie angemessen ist die Einordnung? Eine Antwort setzt voraus, dass für das Gemeinte einschlägige Merkmale genannt werden. Genau davon lässt sich aber nur in seltenen Fällen sprechen. Hinzu kommt, dass auch in der Fachliteratur kein Konsens über das „Populismus"-Verständnis besteht (vgl. u. a. Hartleb 2015; Müller 2016). Außerdem dient der Begriff als politisches Schlagwort – und zwar in einem affirmativen wie kritischen Sinne. Bei der letztgenannten Auffassung werden populäre, aber unrealistische Forderungen unterstellt. Die affirmative Deutung behauptet demgegenüber eine Berufung auf das Volk. Hier seien fortan fünf Merkmale von „Populismus" im wissenschaftlichen Sinne genannt (vgl. Pfahl-Traughber 2017b), welche hinsichtlich der Angemessenheit für die Partei erörtert werden sollen.

Dazu gehört erstens der Bezug auf das „Volk" als Einheit, wobei die politischen und sozialen Unterschiede von Einzelnen und Interessengruppen zugunsten der Konstruktion eines allgemeinen, erkennbaren, feststehenden und wahren Volkswillens mit antipluralistischer und identitärer Dimension ignoriert werden. Davon kann bezogen auf die AfD durchaus die Rede sein, suggeriert sie doch immer wieder die politische Stimme des als homogen gedachten deutschen Volkes zu sein. Als zweites Kriterium gilt der Rekurs auf das Unmittelbare und die direkte Beziehung von dem populistischen Akteur und dem präsenten „Volk", womit die Bedeutung von Komplexität, Repräsentation und Vermittlung in modernen und pluralistischen Gesellschaften zugunsten des Postulats einer Einheit zwischen beidem

A. Pfahl-Traughber, *Die AfD und der Rechtsextremismus,* essentials,
https://doi.org/10.1007/978-3-658-25180-2_5

ausgeblendet wird. Wenn die AfD mehr „direkte Demokratie“ in ihrem Sinne fordert, dann entspricht dies den genannten Kriterien, zumal es bei ihr bezüglich einer anderen Bedeutung von mehr partizipatorischer Dimension an Klarheit zu Verfahrensfragen mangelt.

Das dritte Merkmal besteht in der Anlehnung an den Alltags- bzw. „Stammtisch“-Diskurs, also an real existierende diffuse Einstellungen, Ressentiments und Vorurteile in der Gesellschaft, wobei es sich nicht allein um Betrug und Manipulation, sondern um den Bezug auf reale Empfindungen und Probleme handelt. Genau dies geschieht bei der AfD bei dem Aufgreifen von Ängsten und Sorgen, die zunächst bezogen auf die Euro-Rettungspolitik und dann auf die Flüchtlingsthematik aufkamen. Und schließlich kann hier viertens auf die Bildung von konfrontativen Identitäten verwiesen werden, welche in einem „Wir“ gegen „die Anderen“ besteht, wobei mit dem Erstgenannten das „einfache“ und „wahre Volk“ und mit dem Letztgenannten die „Elite“ bzw. „Politiker“, aber auch Angehörige von Minderheiten unterschiedlichster Art gemeint sind. Auch diese Eigenschaften findet man nahezu mustergültig bei der AfD, sprechen dafür doch sowohl die Agitation gegen die „Alt-Parteien“ und deren Repräsentanten wie gegen Flüchtlinge und Muslime.

5.2 Argumente für eine Einschätzung als rechtsextremistisch

Die damit begründbare Einschätzung der Partei als populistisch bzw. rechtspopulistisch sagt indessen noch nichts darüber aus, ob sie auch als extremistisch bzw. rechtsextremistisch gelten kann. Betrachtet man die bisherige Auseinandersetzung mit dieser Frage in Öffentlichkeit und Wissenschaft, ergeben sich sowohl Argumente dafür wie dagegen. Diese sollen hier dargestellt und kommentiert werden, wobei am Anfang die Begründungen für eine solche Sicht stehen. Ein Anknüpfungspunkt für die Einschätzung als extremistisch findet sich in den erwähnten und vielen anderen Skandalaussagen, worin AfD-Führungspersonen deutliche fremdenfeindliche und grundrechtswidrige Positionen vertreten. Dagegen kann argumentiert werden, dass diesen Bekundungen auch andere Führungspersonen gelegentlich öffentlich widersprochen haben. Es bleibt dabei aber unklar, wie sich in diesen Fragen die Partei selbst positioniert. Mit wenigen Ausnahmen fehlte es auch an klaren Konsequenzen, die vom Funktionsverlust bis zum Parteiausschluss reichen könnten.

Ein weiteres Argument für die Einschätzung der Partei als rechtsextremistisch ergibt sich daraus, dass es mitunter bis in die Formulierungen hinein mit der NPD ähnliche oder identische Parolen im Wahlkampf gab und gibt. Außerdem stellt man mit der Flüchtlingspolitik und Islamfrage die gleichen Themen in dramatisierender Weise in den Vordergrund. Es muss dabei aber zunächst berücksichtigt werden, dass die AfD sie nicht in der besonders ausgeprägten Form wie die NPD auf ihren Plakaten vermittelt. Die Gemeinsamkeiten bestehen mehr mit den gemäßigteren Positionierungen. Dabei muss berücksichtigt werden, dass einzelne Aussagen aus unterschiedlichen Grundlagen resultieren können. Die geforderte Einschränkung der Flüchtlingsentwicklung mag ihr Motiv sowohl in der Angst vor innenpolitischen Konflikten wie in der generellen Feindschaft gegenüber Migranten haben. Mitunter findet man auch eine Kombination beider Positionen, was dann eine klare Deutung im extremismustheoretischen Sinne schwierig macht.

Und schließlich sei hier noch auf den „Rechtsruck" in der Partei hingewiesen, handelte es sich bei ihr doch um eine Sammlungspartei für unterschiedliche Strömungen. Der Blick auf die Entwicklungsgeschichte macht deutlich, dass die gemäßigteren Liberalkonservativen kontinuierlich ihren einst tragenden Stellenwert einbüßten. Sie traten entweder aus der AfD aus wie Lucke oder passten sich dem „Rechtsruck" an wie Meuthen. Die meisten Austritte von Funktions- oder Mandatsträgern wurden eben mit dieser Richtungsänderung begründet. Demgegenüber verließen keine relevanten AfD-Mitglieder die Partei, weil sie diese in der Positionierung für zu gemäßigt hielten. Der rechte Flügel, der sich in den Gruppierungen „Der Flügel" und der „Patriotischen Plattform" organisiert, konnte demgegenüber stetig seinen internen Stellenwert erhöhen. Auch wenn er die AfD nicht in Gänze beherrscht, belegen die Personalentwicklungen in der Partei doch deren hohe Wertigkeit. Nicht nur diese Dynamik spricht dafür, die AfD als eine rechtsextremistische Partei anzusehen.

5.3 Argumente gegen eine Einschätzung als rechtsextremistisch

Es gibt aber auch einige Argumente gegen die Einschätzung der Partei als rechtsextremistisch, welche ebenfalls dargestellt und kommentiert werden sollen. Eine erste diesbezügliche Aussage stellt darauf ab, dass sich die AfD zu Demokratie, Grundgesetz und Rechtsstaatlichkeit bekennt. Sie gibt sich sogar als deren eigentlicher politischer Repräsentant, würden doch „Altparteien" und Regierung mit ihrer Politik häufig genug gegen die damit gemeinten Wertvorstellungen verstoßen. Derartige formale Bekenntnisse gibt es allgemein bei gemäßigteren extremistischen Parteien, ist ihnen doch ein breiter gesellschaftlicher Konsens zugunsten der genannten Prinzipien bewusst. Insofern kann es auch nur ein taktisch motiviertes Bekenntnis dazu geben. Will man dieses als eine solche Instrumentalisierung deuten, bedarf es dazu entsprechender Belege. Sie müssen deutlich machen, dass das Bekenntnis zum Grundgesetz nicht mit einer Verinnerlichung seiner Werte einhergeht. Fremdenfeindlichkeit oder Grundrechtenegierung würden dafür stehen.

Ein weiteres Argument gegen die Einschätzung der AfD als rechtsextremistisch stellt darauf ab, dass es eine rechtsdemokratische Partei „rechts" von den Unionsparteien geben und eine Repräsentationslücke für Wähler geschlossen werden könne. Beiden Aussagen lässt sich allgemein von der Sache her zustimmen. Bezogen auf den erstgenannten Aspekt muss gefragt werden, wo die AfD zwischen einer rechtsdemokratischen und einer rechtsextremistischen Position steht. Der beschriebene „Rechtsruck" in der Partei hat sie eher in die letztgenannte Richtung gebracht, gleichwohl muss die relevante demokratietheoretische Grenzlinie noch nicht überschritten sein. Der zweitgenannte Gesichtspunkt verweist darauf, dass viele Bürger bezogen auf die Flüchtlingspolitik hinsichtlich ihrer Skepsis keine Wahlalternative sahen. Die AfD bot sich als eine solche an. Damit erhielten angemessene wie übertriebene Befürchtungen eine politische Stimme. Gleichwohl spricht dies weder für eine demokratische noch extremistische Ausrichtung, handelt es sich doch um unterschiedliche Ebenen.

Und dann kann noch darauf hingewiesen werden, dass die AfD nicht auf den historischen Nationalsozialismus bezogen ist und sich von der NPD und der Neonazi-Szene distanziert. Dem ist als politisches Bekenntnis in einem formalen Sinne durchaus so. Dabei bedarf es der Berücksichtigung von zwei Gesichtspunkten: Der historische Nationalsozialismus gilt gesamtgesellschaftlich als diskreditiert, was ebenso für dessen offene Anhänger im heutigen Rechtsextremismus zutrifft. Insofern wäre es ein taktischer Fehler, sich in diese Richtung offen politisch zu bekennen. Als weitaus bedeutsamer kann indessen gelten: Zwar ist jeder Nationalsozialist ein Rechtsextremist, aber nicht jeder Rechtsextremist ein Nationalsozialist. Es gibt auch andere ideologische Bezüge, womit politisch „Rechte" die Grundlagen moderner Demokratie und offener Gesellschaft ablehnen können. Dafür stehen die Anhänger der anderen Ideologiefamilien des Rechtsextremismus, wozu auch ein extremistischer Deutschnationalismus oder ein extremistischer Konservativismus zählen.

5.4 Einschätzung der Extremismusintensität in der Gesamtschau

Wie kann die AfD in der Gesamtschau im Lichte der vorgenannten Reflexionen eingeschätzt werden? Eine Antwort auf diese Frage ist nicht einfach, weil es sich bei ihr nicht um eine homogene Partei handelt. Die Ausführungen über die diversen Flügel machen die internen Unterschiede deutlich. Da es gelegentlich „Kampfabstimmungen" bei Parteitagen gibt, scheint die AfD immer noch nach ihrer eigenen Identität zu suchen. Diese Einschätzung bezieht sich sowohl auf die ideologische Ausrichtung wie die strategische Positionierung. Darüber hinaus können diesbezügliche Differenzen bei den ost- und westdeutschen Landesverbänden ausgemacht werden. Während die gemäßigteren Kräfte eher im Westen präsent sind, finden sich die radikaleren Kräfte mehr im Osten. Letztere können aber ebenso in bestimmten Landesverbänden in Westdeutschland ausgemacht werden. Dahin geht die Entwicklung in der Gesamtschau, wovon auch die Austritte mit einschlägiger Begründung zeugen. Diese konstatieren für die Partei einen inakzeptablen „Rechtsruck".

Insofern spricht nicht viel für die Annahme, wonach sich die AfD im Laufe der Zeit mäßigen würde, wie dies bei den Grünen in der Vergangenheit der Fall war. Tatsächlich hatten in den 1980er Jahren in der Ökopartei noch einige frühere Angehörige maoistischer Kleinparteien viel zu sagen. Sie bekannten sich aber fortan zu den Grundprinzipien eines demokratischen Rechtsstaates oder verließen aus Protest gegen die Mäßigung die Partei. Bei der AfD lässt sich indessen ein genau umgekehrter Entwicklungsprozess beobachten. Die gemäßigteren Kräfte um den Parteimitbegründer Lucke verließen die AfD und bezeichneten sie fortan sogar als „NPD-light" (Hans-Olaf Henkel). Währenddessen rückte die Partei immer weiter nach rechts. Gleichzeitig gewann der äußere rechte Flügel dabei an Bedeutung. Die als noch gemäßigt geltenden Führungsfiguren kooperieren mit eben diesem Flügel der Partei problemlos. Darüber hinaus finden sich von den „Gemäßigten" immer wieder anerkennende oder entschuldigende Kommentare zu den weit rechts stehenden Repräsentanten.

Dies führt bilanzierend dazu, dass die AfD trotz ihrer „Grauzonen"-Existenz sehr wohl als eine extremistische Partei eingeschätzt wird. Damit geht keine Gleichsetzung mit der NPD oder der Neonazi-Szene einher, handelt es sich doch um ganz andere Akteure des gemeinten politischen Lagers. Es wird mit dieser Bewertung auch nicht ausgeschlossen, dass es innerhalb der AfD durchaus Mitglieder mit einer rechtsdemokratischen Orientierung gibt. Beide Einschränkungen sprechen aber nicht für das Gegenteil. Denn der Extremismus kann sich in unterschiedlichen Intensitätsgraden artikulieren, wozu eine offiziell normen- und systembejahende wie eine offen normenverneinende und systembejahende Form auf einer niedrigen Stufe gehören (vgl. Pfahl-Traughber 2014). Dort befindet sich aktuell die AfD, die eine ähnliche Ausrichtung wie „Die Republikaner" Ende der 1980er/Anfang der 1990er Jahre hat. Auch aus diesem vergleichenden Blick handelt es sich um eine extremistische Partei mit noch niedrigem Intensitätsgrad, aber eben einer extremistischen Orientierung.

5.5 Entwicklungsperspektiven hin zu einer rechtsdemokratischen Partei

Die vorstehende Einschätzung versteht sich als Momentaufnahme. Denn die AfD befindet sich weiterhin in einem internen Entwicklungsprozess zwischen einer rechtsdemokratischen und rechtsextremistischen Orientierung, wobei sie sich in die letztgenannte Richtung hin positionierte. Gleichwohl stellt sich die Frage, inwieweit Möglichkeiten zu einer Rückentwicklung bestehen. Denn ebenso wie es eine Bewegung in die eine, kann es auch eine Bewegung in die andere Richtung geben. Gerade die erwähnte „Alternative Mitte" steht innerhalb der Partei für ein solches Potenzial, das aber offenbar keine Bedeutung für eine solche Entwicklung hat. Daher sprechen die gegenwärtigen Kräfteverhältnisse in der Partei nicht dafür, dass eine gemäßigte Richtung dort eine Vorherrschaft erlangen könnte. Mit den Anhängern von Lucke hat die Partei ein dafür relevantes Personenpotenzial verloren. Bekanntlich entstand mit diesem als „Liberal-konservative Reformer" (LKR) eine eigene Partei, die aber hinsichtlich der Ergebnisse bei Wahlen bedeutungslos ist.

Es bestünde daher bei der aktuellen AfD-Führung auch nicht das Interesse an einer Kooperation oder neuerlichen Verbindung. Was angesichts des Antisemitismus-Skandals in Baden Württemberg bei der Fraktionsspaltung möglich war, dürfte angesichts der aktuellen Parteispitze und in der gegenwärtigen Rahmensituation eher unrealistisch sein. Auch dies sagt über die AfD in der vergleichenden Betrachtung viel aus. Was müsste indessen in der Partei geschehen, um einen solchen Wandel möglich zu machen? Es bedürfte einer erkennbar grundlegenden personellen Veränderung. Dies würde als Ausgangspunkt gravierende Folgen für Höcke bedeuten, gilt er doch auch öffentlich als Personifizierung des Rechtsextremismus. Eine Hinwendung zu einer rechtsdemokratischen Position kann wohl schwerlich mit ihm in verantwortlicher Position erfolgen. Als Landesvorsitzender und Spitzenkandidat hat er aber eine gefestigte Stellung, wird gleichzeitig indessen aus der Partei heraus für einen Rechtsextremisten gehalten. Dies darf als absonderliche Situation gelten.

Die hier zu erörternde Frage ist nicht nur mit Höcke verbunden, ist er doch in der AfD sowohl als Person wie mit seinen Positionen stark verankert. Demnach müsste der Bruch mit einem hohen Mitgliederteil erfolgen, wollte man glaubwürdig wieder eine rechtsdemokratische Partei werden. Eine solche Entwicklung würde zu einer grundlegenden Spaltung führen. Denn auch Gauland und Kalbitz hätten dort kaum noch einen Platz, ähnliches gilt für Meuthen und Weidel. Diese kamen aus dem liberalkonservativen Flügel, passten sich aber in der Partei der

Rechtsentwicklung an. Allein diese Betrachtungen hinsichtlich der Folgen für die Führungsspitze machen deutlich, dass derartige Personal- und Positionsveränderungen eher unwahrscheinlich sein dürften. Denn die Gemäßigten verlieren kontinuierlich an Mitglieder und Unterstützern, sei es durch Inaktivität oder Parteiaustritt. Demnach wäre in der Gesamtschau eine Hinwendung zu einer rechtsdemokratischen Position theoretisch durchaus möglich, dürfte aber praktisch eher unwahrscheinlich sein.

6 Schlusswort und Zusammenfassung

Die AfD gab sich von Anfang ihrer Existenz an das Image einer bürgerlichen, konservativen und seriösen Partei. Sie bekundete, auf dem Boden des Grundgesetzes und des Rechtsstaates zu stehen. Ihre Anhänger beklagten eine Entwicklung der Union nach links. Der behaupteten Alternativlosigkeit der Eurorettungspolitik wollte sie eine Alternative entgegen setzten. Und es war durchaus Platz für eine rechtsdemokratische Partei im Parteienspektrum. Doch blickt man auf die kurze Geschichte der AfD zurück, so kann in den meisten Punkten eine Abkehr von den ursprünglichen Idealen konstatiert werden. Die damit angesprochene Entwicklung ging einher mit einem politischen „Rechtsruck", der mit einer Emotionalisierung und Polarisierung des Tonfalls verbunden war. Die gemäßigten Angehörigen verließen die Partei, verloren in ihr an Einfluss oder passten sich dem „Rechtsruck" an, während demgegenüber die weit rechts stehenden Mitglieder keine Parteiausschlüsse befürchten mussten und einen immer höheren Stellenwert erhielten.

Dadurch entwickelte sich die AfD von einer rechtsdemokratischen Auffassung weg und zu einer rechtsextremistischen Orientierung hin. Man findet diese in der Partei nicht nur am Rande, sondern im Zentrum: die Aberkennung von Individualrechten, Bekundungen von rassistischen Positionen, die Delegitimierung der gewählten Regierung, Forderungen nach einem Systemwechsel, Ethnisierung und Monopalansprüche auf das Volksverständnis, die Negierung gleichrangiger Religionsfreiheit, Neigung zu verschwörungsideologischen Vorstellungen, Pauschalisierungen durch fremdenfeindliche Stereotype und die Relativierung des Antisemitismus und der NS-Vergangenheit. Die fehlende Abgrenzung zu den Identitären entspricht der fehlenden Abgrenzung von anderen Rechtsextremisten. In der Bilanz bedeutet dies, dass man es bei der AfD mittlerweile selbst mit einer rechtsextremistischen Partei zu tun hat. Ihre Extremismusintensität ist zwar geringer als die der NPD oder Neonazi-Szene, dies ändert aber am Sachverhalt selbst nichts.

A. Pfahl-Traughber, *Die AfD und der Rechtsextremismus,* essentials,
https://doi.org/10.1007/978-3-658-25180-2_6

Diese Deutung ignoriert nicht, dass es in der AfD noch rechtsdemokratische Minderheiten gibt. Sie bemühen sich gelegentlich um Einflussgewinne, sind damit aber in Regelmäßigkeit gescheitert. Als solche bilden sie daher aktuell eher ein Feigenblatt, das den eigentlichen Charakter der Partei verdeckt. Da auch einschlägige Skandale nicht zum Rückgang von Umfragezustimmungen führen, schwindet bei Aussagen und Handlungen immer mehr die strategisch bedingte Zurückhaltung. Wenn selbst gemeinsame Demonstrationen mit Neonazis keine Stimmenrückgänge nahelegen, dann bedarf es aus Akteurs-Perspektive immer weniger einer Mäßigung in der öffentlichen Wahrnehmung. Diese politische Entwicklung ist auch im länderübergreifenden Vergleich bemerkenswert: Während die als rechtspopulistisch geltenden Akteure in Europa eher auf eine Mäßigung um höher Stimmengewinne willen setzen, hat dies die AfD angesichts von Umfragewerten und Wahlerfolgen offenbar weniger nötig. Die Entwicklung in die rechtextremistische Richtung dürfte sich fortsetzen.

Was sie aus diesem *essential* mitnehmen können

- Die AfD bewegt sich seit ihrer Gründung zwischen einer rechtsdemokratischen und einer rechtsextremistischen Ausrichtung.
- Dabei lässt sich in der Rückschau auf die bislang noch kurze Geschichte der Partei eine Hinwendung zur letztgenannten Orientierung konstatieren.
- Zahlreiche Aussagen von hohen Funktionsträgern machen deutlich, dass in der Gesamtschau deren zitierte Positionen in einem rechtsextremistischen Sinne orientiert sind.
- Es gibt darüber hinaus vielfältige Kontakte – auch und gerade von Spitzenfunktionären – in den neueren und traditionellen Rechtsextremismus hinein.
- Die AfD kann daher in der Gesamtschau mittlerweile selbst als eine rechtsextremistische Partei eingeschätzt werden – ähnlich den „Republikanern" der 1980er und 1990er Jahre.
- Diese Bewertung negiert nicht, dass es in der Partei noch marginale rechtsdemokratische Kräfte gibt, welche aber keine bedeutsamen Funktionsträger hinter sich wissen.
- Eine Gleichsetzung mit der NPD und Neonazi-Szene ist nicht angemessen, besteht doch bei der AfD ein geringerer Intensitätsgrad von Extremismus, gleichwohl gibt es einen solchen.

A. Pfahl-Traughber, *Die AfD und der Rechtsextremismus,* essentials,
https://doi.org/10.1007/978-3-658-25180-2

Literatur

Alternative für Deutschland (AfD) (Hg.) 2016: *Programm für Deutschland. Das Grundsatzprogramm der Alternative für Deutschland*, Berlin: AfD-Eigenverlag.

Alternative Mitte (AM) 2018a: Stellungnahme zu Gauland Rede bei der Jungen Alternative in Thüringen (3. Juni 2018), in: www.mitte-der-alternative.de.

Alternative Mitte (AM) 2018b: AfD sollte Höcke endlich in hohem Bogen aus der Partei werfen (14. Oktober), in: www.mitte-der-alternative.de.

Amann, Melanie 2017: *Angst für Deutschland. Die Wahrheit über die AfD. Wo sie herkommt, wer sie führt, wohin sie steuert*, München: Droemer.

Bebnowski, David 2015. *Die Alternative für Deutschland. Aufstieg und gesellschaftliche Repräsentanz einer rechten populistischen Partei*, Wiesbaden: Springer VS.

Beikler, Sabine 2017: Berliner AfD-Politiker Fest nennt Zuwanderer „Gesindel" (29. März), in: www.tagesspiegel.de.

Bender, Justus 2017: *Was will die AfD? Eine Partei verändert Deutschland*, München: Pantheon.

Bender, Justus 2018: Die Faust von Chemnitz, in: Frankfurter Allgemeine Zeitung vom 1. Oktober, S. 1.

Bender, Justus/Niendorf, Tim 2018: Wer Gleiches denkt, gesellt sich gern, in: Frankfurter Allgemeine Zeitung vom 12. September, S. 2.

Bernhard, Henry 2015: „Wenn wir kommen, wird aufgeräumt!" (29. Oktober), in: www.deutschlandfunk.de.

Brandau, Bastain 2017: Zweifel an der juristischen Unabhängigkeit (2. Februar), in: www.deutschlandfunk.de.

Bundesministerium des Innern, für Bau und Heimat (BMI) 2018: *Verfassungsschutzbericht 2017*, Berlin: BMI-Eigenverlag.

Butterwegge, Christoph/Hentges, Gudrun/Wiegel, Gerd 2018: *Rechtspopulisten im* Parlament. *Polemik, Agitation und Propaganda*, Frankfurt/M.: Westend.

Dietl, Stefan 2017: *Die AfD und die soziale Frage. Zwischen Marktradikalismus und „völkischem Antikapitalismus"*, Münster: Unrast.

Doerfler, Kordula 2018: Gauland vergleicht Merkel mit Honecker (30. Juni), in: www.fr.de.

Friedrich, Sebastian 2015: *Der Aufstieg der AfD. Neokonservative Mobilmachung in Deutschland*, Berlin: Bertz +Fischer.

A. Pfahl-Traughber, *Die AfD und der Rechtsextremismus*, essentials,
https://doi.org/10.1007/978-3-658-25180-2

Fröhlich, Alexander 2016. Ex-NPD-Mann arbeitete für AfD-Landtagsabgeordneten (19. März), in. www.pnn.de.

Gauland, Alexander 2017: Erschreckende Zahlen. Der Bevölkerungsaustausch läuft (5. April), in: www.afd.de.

Gauland, Alexander 2018: „Friedliche Revolutionen machen mir nie Sorgen". Im Gespräch, in: Frankfurter Allgemeine Zeitung vom 5. September, S. 2.

Geisler, Astrid/Polke-Majewski, Karsten/Steffen, Tilmann 2017: Abgrenzen? Von wegen (16. Juni), in: www.zeit.de.

Granderath, Horst 2018: Die „Neue Rechte" in den Medien. Debattenschau (10. Oktober), in: www.kas.de.

Gronow, Berengar Elsner 2017: „Wir verkörpern die Mehrheit in der AfD" (Interview) (1. Dezember), in: www.t-online.de.

Gürgen, Malene/Jakob Christian 2018: „Wir sind keine Nazis" (2. September), in: www.taz.de.

Hartleb, Florian 2015: *Internationaler Populismus als Konzept: zwischen Kommunikationsstil und fester Ideologie*, Baden-Baden: Nomos.

Hartmann, Michael 2018: *Die Abgehobenen. Wie Eliten die Demokratie gefährden*, Frankfurt/M.: Campus.

Häusler, Alexander (Hg.): *Die Alternative für Deutschland. Programmatik, Entwicklung und politische Verortung*, Wiesbaden: Springer VS.

Häusler, Alexander (Hg.) 2018: *Völkisch-autoritärer Populismus. Der Rechtsruck in Deutschland und die AfD*, Hamburg: VSA.

Häusler, Alexander/Roeser, Rainer 2015: *Die rechten „Mut"-Bürger. Entstehung, Entwicklung, Personal & Positionen der Alternative für Deutschland*, Hamburg: VSA.

Hering, Bodo 2016: Junge Alternative: der radikale Nachwuchs der AfD? (29. Juli), in: www.berlinerjournal.biz.

Höcke, Björn 2015: Asyl. Eine politische Bestandsaufnahme. Höcke beim IfS, in: www.youtube.com.

Höcke, Björn 2017: „Gemützustand eines total besiegten Volkes". Höcke-Rede im Wortlaut (19. Januar), in: www.tagesspiegel.de.

Höcke, Björn/Gauland, Alexander 2016: „Wir bleiben Fundamental-Opposition!" Fragen an Björn Höcke und Alexander Gauland, in. Compact, Nr. 10 vom Oktober, S. 30 f.

jbe 2018: Seehofer wirft AfD „staatszersetzende" Haltung vor, in: Frankfurter Allgemeine Zeitung vom 15. April, S. 4.

jbe 2018; „AfD will das Gleiche wie die Identitäre Bewegung", in: Frankfurter Allgemeine Zeitung vom 22. September, S. 4.

Jongen, Marc 2016: „Man macht sich zum Knecht". Interview mit Mark Jongen (9. Juni), in: www.zeit.de.

Jongen, Marc 2017: Migration und Stresstraining, in: Sezession 15. Jg., Nr. 76 vom Februar, 22–25

Kemper, Andreas 2013. *Rechte Euro-Rebellion. Alternative für Deutschland und Zivile Koalition e. V.*, Münster: Edition Assemblage.

Lau, Miriam 2018: Auftrag: Umsturz, in: Die Zeit, Nr. 39 vom 20. September, S. 8–9.

Maas, Stefan/Bernhard, Henry 2017: Ungewisser Kurs der AfD (12. September), in: www.deutschlandfunk.de.

Majic, Daniel 2017: Neu Rechter drängt in hessische AfD-Spitze (15. Dezember), in: www.fr.de.

Meiborg, Monnia 2018: AfD beschließt offenbar Zusammenarbeit mit Pegida (17. Februar), in: www.zeit.de.

Meuthen, Jörg 2016: „Anti-Islam-Partei – wieder so ein Schlagwort" (Interview) (28. April), in: www.spiegel.de.

Müller, Jan-Werner 2016: *Populismus – was ist das überhaupt?*, Berlin: Suhrkamp.

Nationaldemokratische Partei Deutschland (NPD) (Hg.) 2012: *Argumente für Mandats- und Funktionsträger*, 2. Auflage, Berlin: Eigenverlag der NPD.

O.A. 2015: Obskurer Verein: AfD-Politiker unter Druck (15. Oktober), in: www.maz-online.de.

O. A. 2016. Gauland nennt Merkel „Kanzler-Diktatorin" (5. Juni), in: www.faz.net.

O. A. 2017a: Özoguz war schwer geschockt (7. September 2017), in. www.faz.net.

O.A. 2017b: Gauland will stolz sein „auf Leistungen deutscher Soldaten in Weltkriegen" (14. September), in: www.fr.de.

O.A. 2018a: Gauland: Hitler nur „Vogelschiss in deutscher Geschichte (2. Juni), in: www.faz.net.

O.A. 2018b: Gauland bezeichnet Krawalle als „Selbstverteidigung", (29. August), in: www.faz.net.

O.A. o. J.: Brandenburger AfD-Chef gibt Teilnahme an rechtsextremem Lager zu, in: www.sueddeutsche.de.

Pfahl-Traughber, Armin 2014: Das Zehn-Stufen-Modell der „Extremismusintensität". Kategorien zur Analyse und Einordnung politischer Bestrebungen, in. Pfahl-Traughber, Armin (Hg.), *Jahrbuch für Extremismus- und Terrorismusforschung 2014 (I)*, Brühl: Eigenverlag Hochschule des Bundes, S. 7–36.

Pfahl-Traughber, Armin 2016: Die AfD und der Antisemitismus. Eine Analyse zu Positionen, Skandalen und Verhaltensweisen, in: Schüler-Springorum, Stefanie (Hg.): *Jahrbuch für Antisemitismusforschung 25*, Berlin: Metropol, S. 271–297.

Pfahl-Traughber, Armin 2017a: Zeitschriftenportrait: Sezession, in: Backes, Uwe/Gallus, Alexander/Jesse, Eckhard (Hg.): *Jahrbuch Extremismus & Demokratie. Bd. 29*, Baden-Baden: Nomos: 216–230.

Pfahl-Traughber, Armin 2017b: Populismus – was ist das überhaupt? Definition über eine inhaltliche und stilistische Dimension (21. Februar), in. www.hpd.de.

Pfahl-Traughber, Armin 2019: *Rechtsextremismus in Deutschland. Eine kritische Bestandsaufnahme*, Wiesbaden: Springer VS, i.E.

Poggenburg, André 2018: Politischer Aschermittwoch der AfD Sachsen – André Poggenburg … Patriotismus pur!!!, in: www.youtube.com.

Portmann, Kai 2017: AfD-spitze vergleicht Höcke mit Hitler (9. April), in: www.tagesspiegel.de.

RTL 2018: Nachtjournal (3. November), in: www.tvnow.de.

Schmitt, Christine 2018. Wie rechts sind die neuen AfD-Abgeordneten im Landtag (24. Oktober), in: www.bnr.de.

Schneider, Franziska 2018: *Inside AfD. Bericht einer Aussteigerin*, München: Europa-Verlag.

Storch, Beatrix von 2016: Die Pläne für einen Massenaustausch der Bevölkerung sind längst geschrieben (8. Mai), in: twitter.com (nicht mehr verfügbar).
Wehne, Markus/Lohse, Eckart 2015: Gauland beleidigt Boateng (29. Mai), in: www.faz.net.
Weiland, Severin 2018: AfD-Vorstand will erneut Wolfgang Gedeon ausschließen (15. Oktober), in: www.spiegel.de.
Werner, Alban 2015: *Was ist, was will, wie wirkt die AfD?*, Karlsruhe: Neuer IS-Verlag.
Wildt, Michael 2017: *Volk, Volksgemeinschaft, AfD*, Hamburg: Hamburger Edition.
ZDF 2016: Die Neue Rechte. National, patrioisch, gefährlich? (24. August), in: www.youtube.de.